女王(巫)と大王と妃

卑弥呼と継承者たち

大久保 久能

風詠社

向き合った古墳同士：古代の幾何学

拡大図　小円の中が巨大古墳　①は「朝」名

ピンクが第１朝、ブルーが第４朝の関連。主軸線が山に向いている。

奈良盆地　王家の巨大古墳

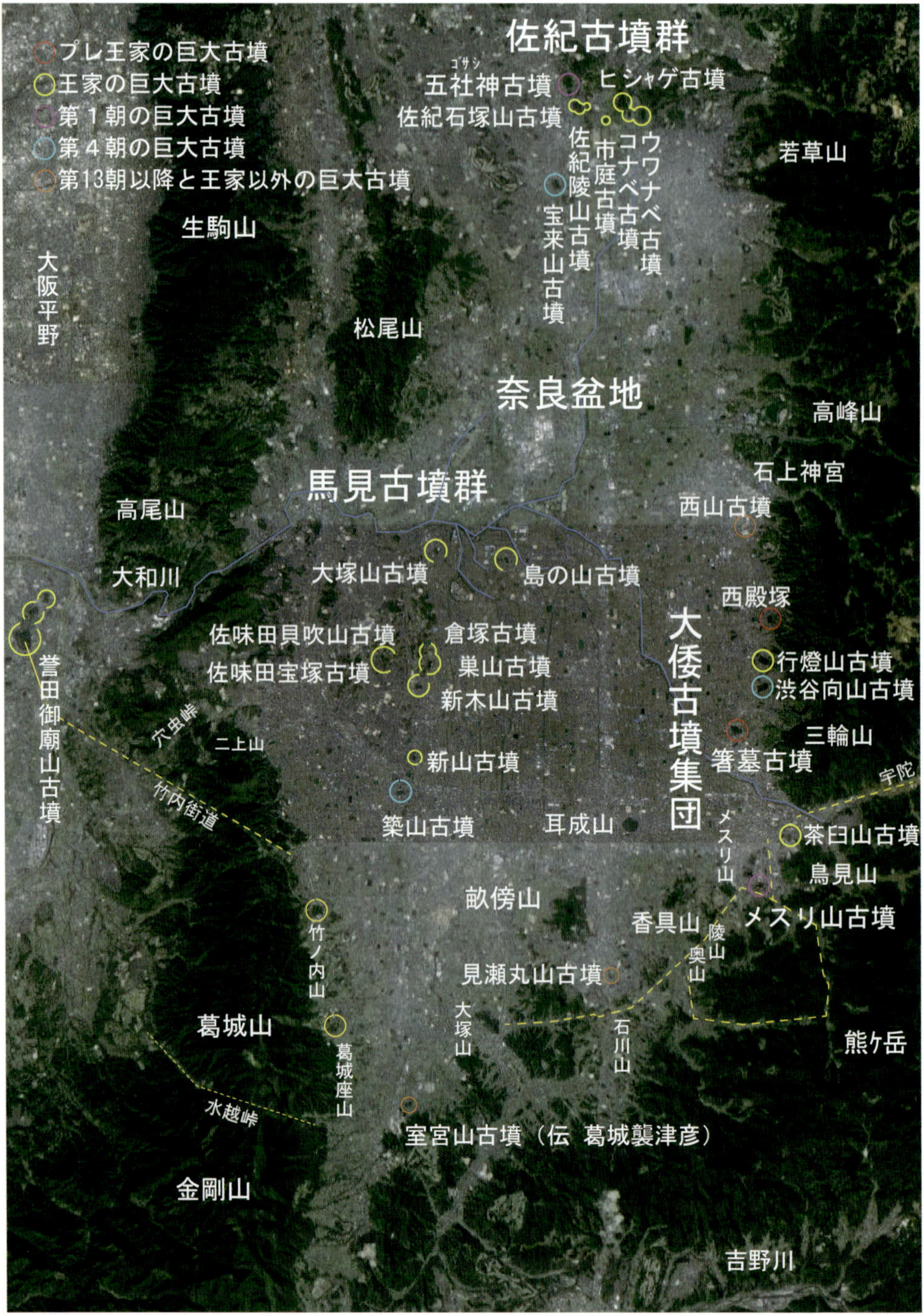

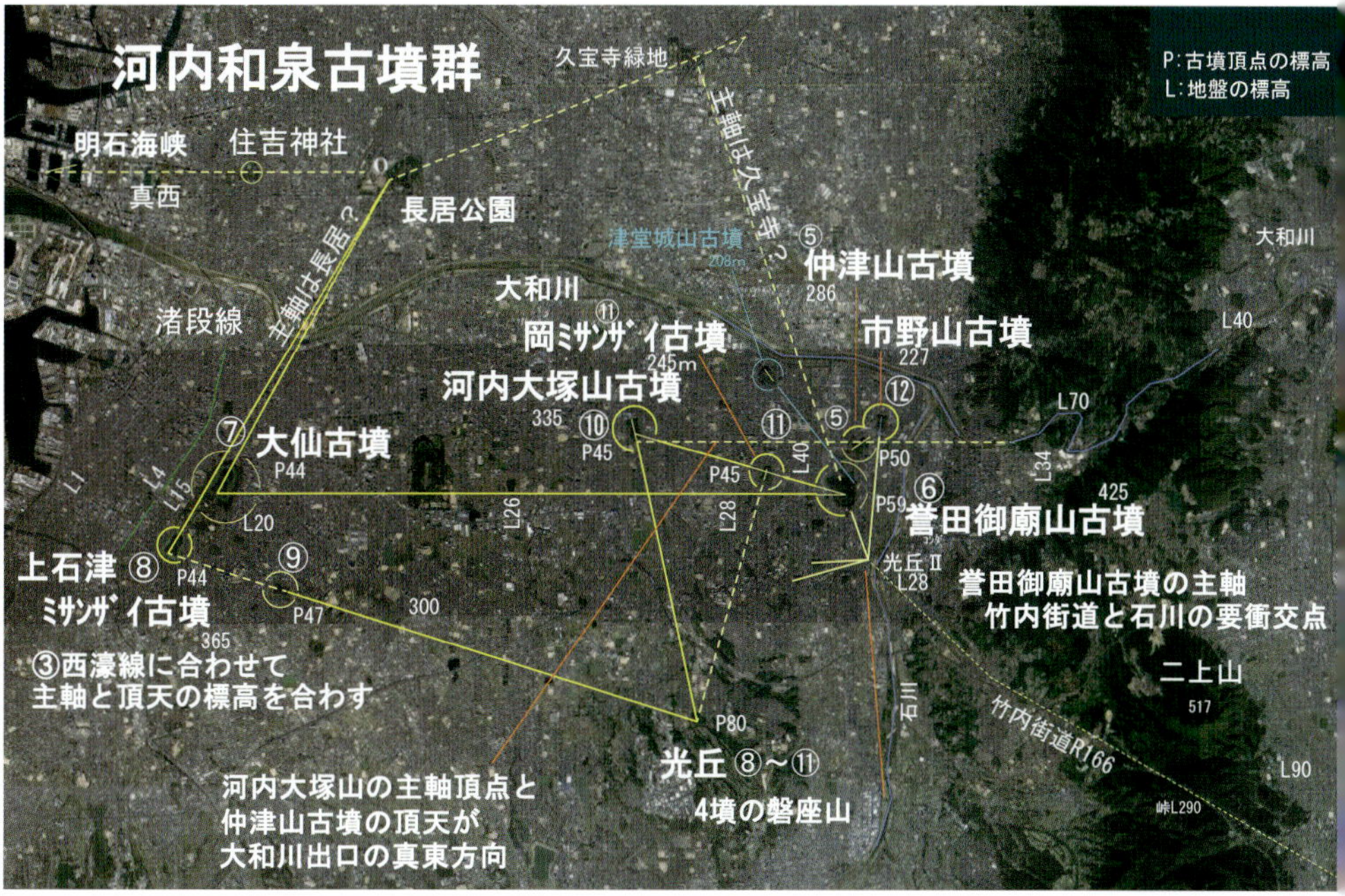
河内和泉古墳群
P:古墳頂点の標高
L:地盤の標高
久宝寺緑地
明石海峡
住吉神社
真西
長居公園
主軸は長居？
主軸は久宝寺？
津堂城山古墳
208m
大和川
仲津山古墳
286
渚段線
岡ミサンザイ古墳
245m
市野山古墳
227
河内大塚山古墳
335
大仙古墳
P44
L20
P45
L26
L28
L40
P50
P59
L34
L70
L40
425
誉田御廟山古墳
上石津 ⑧
ミサンザイ古墳
P44
365
P47
300
光丘Ⅱ
L28
誉田御廟山古墳の主軸
竹内街道と石川の要衝交点
二上山
517
③西濠線に合わせて
主軸と頂天の標高を合わす
P80
光丘 ⑧～⑪
4墳の磐座山
石川
竹内街道R166
L90
峠L290
河内大塚山の主軸頂点と
仲津山古墳の頂天が
大和川出口の真東方向

大和《オオヤマト》古墳群
旧名 萓生《カヨウ》古墳群
前方後方墳
円墳
前方後円墳
女王墳群 5基
女王親墳群 7基
崇神以降
ヤマト連合
ヤマト体制
ヒエ塚古墳130
前方後円墳
ノムギ古墳
前方後方墳 65
クラ塚古墳φ32
西殿塚古墳
270年頃 234 台与
q手白香皇女
Ⓐ 円墳（著墓古墳も）
Ⓓ 前方部築増
マバカ古墳83
前方後円墳
馬口山古墳
前方後円墳
波多子塚古墳140
前方後方墳
星塚古墳
前方後方墳
70
大和神社
西山塚古墳114
前方後円墳
空路宮山古墳45
前方後円墳
栗塚古墳φ70
円墳？
上ツ道
西ノ山古墳φ35
平塚古墳φ54
フサギ塚古墳110
前方後方墳
ボックリ塚古墳φ25
下池山古墳125
前方後方墳
東殿塚古墳
3C後 139
前方後円墳
矢矧塚古墳102
前方後円墳
灯籠山古墳110
前方後円墳
火矢塚古墳49
前方後円墳
西殿塚古墳
4C初 234
前方後円墳
マトバ古墳φ50
中山大塚古墳
3C後 130
前方後円墳
弁天塚古墳
前方後円墳
70
小岳寺塚古墳45
前方後円墳

巨大古墳リスト（時期順）

除：地方・陪塚・大和13朝以降

	古墳名	旧国	時代	時期	10期	墳丘長m	古墳群	所在地	治定陵墓名 ムチャクチャ
1	箸墓古墳			3C中・後	1	276	纏向古墳群	桜井市	倭迹迹日百襲媛命
2	西殿塚古墳			4C初	2	234	大倭古墳集団 萱生古墳群	天理市	手白香皇女
3	桜井茶臼山古墳	大和	前期	4C前	2	207	鳥見山古墳群	桜井市	
4	メスリ山古墳			4C前	3	250			
5	行燈山古墳			4C中	3	242	柳本古墳群	天理市	崇神天皇10
6	渋谷向山古墳			4C後	3	300			景行天皇12
7	五社神古墳		前期	4C後・5C初	3	275	佐紀古墳群	奈良市	神功皇后
8	築山古墳		中期	4C末	4	208	馬見古墳群	大和高田市	
9	佐紀陵山古墳	大和		4C後・5C初	4	207	佐紀古墳群	奈良市	日葉酢媛
10	島の山古墳		前期	4C末	–	200 ＋α	馬見古墳群	磯城郡	
11	佐紀石塚山古墳			4C末・5C前	4	220	佐紀古墳群	奈良市	成務天皇13
12	津堂城山古墳	河内	中期	4C後・末	4	202	古市古墳群	藤井寺市	
13	宝来山古墳	大和	前期	5C初	4	226	佐紀古墳群	奈良市	垂仁天皇11
14	巣山古墳			4C末・5C前	5	204	馬見古墳群	北葛城郡広陵町	
15	仲津山古墳	河内		5C前	5	286	古市古墳群	藤井寺市	仲姫
16	コナベ古墳	大和		5C前	5	204	佐紀古墳群	奈良市	
17	上石津ﾐｻﾝｻﾞｲ古墳	和泉		5C前	5	365	百舌鳥古墳群	堺市	履中天皇17
18	市庭古墳	大和		5C後	5	250	佐紀古墳群	奈良市	平城天皇51
19	誉田御廟山古墳	河内		5C初	6	425	古市古墳群	羽曳野市	応神天皇15
20	新木山古墳	大和		5C前	6	200	馬見古墳群	北葛城郡広陵町	
21	大仙古墳		中期	5C前・中	6	486	百舌鳥古墳群	堺市	仁徳天皇16
22	ウワナベ古墳			5C中	6	255	佐紀古墳群	奈良市	
23	川合大塚山古墳	大和		5C中・後	–	215	馬見古墳群	北葛城郡河合町川合	
24	ヒシャゲ古墳			5C中・後	7	218	佐紀古墳群	奈良市	磐之媛
25	土師ﾆｻﾝｻﾞｲ古墳	和泉		5C後	7	288	百舌鳥古墳群	堺市	反正天皇18
26	市野山古墳			5C後	7	227		藤井寺市	允恭天皇19
27	岡ミサンザイ古墳	河内		5C後	8	238	古市古墳群	藤井寺市	仲哀天皇14
28	河内大塚山古墳		後期	6C後	9	335	松原市・	羽曳野市	雄略天皇21

注：ウィキペディアの「日本の大規模古墳一覧」を
「10期・時期」順に並べ、巨大古墳群以外を除いた。
2015. 12

＊時代　白石太一郎の原表による
＊時期　和田萃（1992）その他
＊10期　広瀬和雄の10期編年（2003）

卑弥呼と継承者たち　女王（巫）と大王と妃

※天皇の没年については『古事記』の干支に基づいたものとなっています。

巨大古墳年表

古墳時代			末期	弥生時代
大和朝廷 4朝	ヤマト体制 8朝	ヤマト連合Ⅱ 女王 6朝	ヤマト連合Ⅰ 卑弥呼朝	クニグニ
前方後円墳		前方後方墳・円墳 墳丘墓（四隅突出・楯築・纒向型・方形）		
巨大古墳				紀元

500年　4　3　2　1　0

489 河内和泉に巨大古墳終了

432 奈良に巨大古墳終了

362 河内和泉に巨大古墳

318 奈良に巨大古墳

内戦 熊野─ヤマト連合軍VS出雲 国譲り

女王 6朝

内戦 熊野 ヤマト連合に入国 台与

247 卑弥呼 亡

弥生時代の終焉

ヤマト連合 共立 卑弥呼──184 黄巾の乱

男王住七八十年、倭国乱相攻伐歴年（魏志倭人伝）

倭国大乱

AD57 倭奴国奉貢朝賀す（後漢書）

BC108 分かれて百余国を為し（漢書）

BC900 長江（呉）逃避渡来人

414 広開土王碑

369 七支刀

市野山古墳

大仙古墳

メスリ山古墳

五社神古墳──前方後方墳──箸墓古墳──四隅突出型墳丘墓

南北朝	五胡十六国	313──漢四郡──			
	東普	西普	魏呉蜀	後漢	漢

三国時代

663 白村江の戦 ──220年間──

伽耶

任那 369-562

新羅 369-562

百済 346-660

高句麗 北

陳寿

三韓

500年　4　3　2　1　0

はじめに（概略）

全国各地に大小様々な古墳が残されていますが、とりわけ畿内の奈良、河内・和泉には巨大古墳が集中しています。しかし、私たちは、その中でも有名な名前のものしか知らず誰が埋葬されているか知らないのが現状です。ところがたまたま初期の巨大古墳をのぞいたところ、巨大古墳の位置と築造時期を合わせると、古代の人々の活動が見えてきました。

航空写真をよく見ると、古代の人々がいかにして巨大古墳を築造したか見えてきました。初期の巨大古墳の築造された順番がはっきり分かり、陵墓名もほとんどが分かってきたのです。筆者が「想定」することなく、被葬者が誰か、自動的に分かったのです。

『魏志倭人伝』と航空写真と現地と地図のみを使い、「記紀」の記述や江戸以降の考古学論も全て外すことで古代が理解できたのです。現在の考古学の信用できるデータはいただくが、考え方は怪しいので参考にすら使いません。『倭人伝』が間違ったのは当時の中国では、倭人の国はかなり南方だと信じたことです。

大王・皇后・大巫《おおみこ》の古墳はそれぞれ群をなしており、その地理上・年代上、その数を一体として見ると、その連続性が見えてきます。提示した多くの航空写真等が物語るように宮内庁も教科書も修正せざるを得ません。

奈良盆地には多くの巨大古墳が無秩序に散在するように見えますが、実は古代の人々が祭祀のルールに従って築造したようです。エジプトの「王家の谷」と同様、倭の古代でも王朝が集まった陵墓を造ったのです。

大和盆地と河内和泉には200m以上の巨大な前方後円墳が約30基ほどあり、これらが5つの古墳群を成し、その各々がからみ合って存在している様が見えてきました。大和盆地の3つの古墳群の各々の巨大古墳との関係も明らかになり、これらが織りなす超巨大な幾何学模様が見えてきました。

古墳配置は文字のない古代の歴史を見せてくれました。もしかしたら古代の人々にはナスカの地上絵のごとく絵が見えたのかもしれません。多分、古墳同士のラインも幾何学模様かもしれないし、呪術のパターーンの形だったかもしれません（口絵参照）。航空写真図を見れば誰でも分かるように、古墳同士がラインで話しているかのように聞こえませんか（笑）。

その3つの古墳群は大王・皇后・大巫女（女王）の群に分かれ、その位置・数・墳墓サイズ・方向をよく見ると古代の歴史が連続史のごとく見え、陵墓の特定ができました。

また、馬見《まみ》古墳群の古墳から見つかった鏡、「家屋文鏡」の「巫」と「臣」が重要です。「民」も「君」もまた重要です。巨大古墳の時代とは「祭」と「政」が混じり合いながら分離されつつある時代と思われます。大巫女（女王）が祭祀を決め、残り半分は大王と臣が共同で社会政治を進めたようです。

この時代では「鉄や武器」より「稲と平和、祭祀と実体かつ象徴たる古墳」が重要で、列島全体に豊かさをもたらしたのです。日本ではイクサが有っても短期間に譲り合って平和を求めたようです。「狗奴国」がヤマト連合に入ったり、出雲が大和朝廷へ「国譲り」したり、結局、大和朝廷の大君になったりしたようです。

現在でも出雲には八百万《やおよろず》の神が参集し、旧暦十月は「神在月《かみありづき》」となっています。天皇系は今も続いています。奈良の「三輪山」の名は、古代が歴史に残したヤマト言葉で「3つの和」の意味だと、即ち「出雲＋大和（朝廷）＋熊野（狗奴国）」の和だと教えてくれているようです。「輪」とは「和」、「足すこと」「平和」たることでした。

数世紀の間、朝鮮半島でもイクサよりも「和」が重要で「稲」の技術が民を喜ばせ、中国でも倭を認め「倭の五王」に半島を治めさせました。日本中に前方後円墳が広まったのは、「民と臣と大君」が喜び、せっせと築造したからでした。「神」＝「山（磐座山《いわくらやま》）」＝「前方後円墳」だったようです。「大巫」が呪術をもって巨大古墳の配置や形態を決めたのでしょう。

大和朝廷の初期は大君より大巫が祭政を進めていたようです。その後、第3朝以降は大王が強くなり第6朝から第8朝までは超巨大古墳の時代で大王が政治を、大巫が祭祀を進めました。第9朝以降では大巫の巨大古墳が造られなくなり、プレ天皇の時代へとなったようです。時代が巨大古墳の大きさや形態を変え、流れとなって現在も見せてくれます。本編で見ましょう。

「女王（巫）と大君と妃」は祭祀を重んじる時代で、戦争好きのＫＩＮＧはおらず、民の幸せを守る大君がおり、祭りを決めるのは大巫女でした。大和朝廷の歴史が進む時、初期では祭祀一致の時代で祭祀を女王（巫）が動かし倭国が固まっていったようです。その後、政治や政務が重要になり大王が世を動かすことに変わったようです。

巨大古墳の動きを見てくると、倭の歴史の動きが見えてきました。一方、考古学の調査や研究が今も進み、事実のデータも見せてくれます。また、考えられていたものがいくらたっても見つからないものも有ります。なければ考えを変えるべきでしょう。その一部は、古代戦争の跡がないことです。筆者の考えは現在でも残る「日本人は戦争が嫌い」、「平和主義」が縄文から続くY-DNA Dと弥生のY-DNA O2によるものだと考えます。

この本文を進めるうちに古代のミッシングリンクが見えてきました。卑弥呼没247年と崇神天皇没318年の70年間に何があったのか。台与が女王だったのは奈良でした。時が経ち、奈良対出雲の事件があり、続いて奈良と九州に同じことが起こったと思われます。発見された遺物を見ると、場所は違っても同時に関連した歴史が起こったのです。想像や考えではなく実際に起きた事実だと思われます。詳しくは本編へ譲ります。

「女王（巫）と大王と妃」がファミリーになり各大王の朝廷の陵墓が揃って造営されたので、これをして本の題としました。この時代は、初期では「女王の時代」であり、この論の終わりでは「大王の時代」です。呪術から政治へと変化した時代とも言えます。この時代の底流には、「物部氏」が「民」の「平和」を求め女王も大王も動かしたと思われます。現在でもＫＩＮＧはおらず、文化文明も大いに進み、日本人とは不思議な民族です。

目次

写真レター・図版制作　筆者

序章　巨大古墳

「王朝のドーン」　夜明け前

日本の古墳は驚くほど多く約16万基もあり、九州から東北まで、３世紀半ばから7世紀にかけ、円墳・方墳をはじめ様々な形や前方後円墳・前方後方墳等が造られた。これが造られた時代を「古墳時代」という。これらは王や首長の墳墓と考えられるが、詳しいことは分からない。誰の古墳なのか、大王が誰なのか知りたい。

日本では、今後これ以上大きな古墳が見つかることはなかろう。しかし、古代の大王の名前も誰だと分かっているのに誰の古墳なのか分かっていない。巨大古墳のほとんどは、奈良盆地と大阪平野の河内和泉にあり、**巨大古墳群**として集まっている。エジプトの「**王家の谷**」や「明の十三陵」他、世界中に陵墓群が見られる。もちろん日本でも同族や同組織の古墳が集まっており、**古墳群**と呼ばれている。

その内、２００ｍ以上の巨大古墳は「日本の大規模古墳一覧」に整理されている。これらは「前方後円墳」と呼ばれ、世界でも不思議な形態をしている。驚いたことに、日本中の全ての「巨大古墳」は前方後円墳だ。実に不思議だ。

またその中、奈良盆地と河内和泉に約30基が集まり群をなしており、これが王家の古墳だと思われる。

考古学的な事実はデータのみを使い、説は無視、『魏志倭人伝』のみを信じた。「記紀」でも確認できたもののみしか使わない。『古事記』も新井白石も、ただの意見だ。

宮内庁の治定はメチャクチャだ。最優先したのが古墳で、地面に残された事蹟としてこれに従った。

「私的な始まり」

日本の古代、倭が動き出した時代を見たかった。大王（天皇）が見たかった。これまで何となく知っていた古代史には矛盾があったのも気になった。考古学も進んでいるし200m以上の巨大古墳リストも固まっていそうだ。ここから始まった。

外国旅行で見に行った古代の陵墓はどこでも集まっている。きっと日本もそうだろう。超大型古墳は古墳群として集まっている。巨大古墳の32基が「王家の谷」の主役だ。集まっていないものは王家ではなかろう。また、本書では雄略天皇時代以降の事実は筆者が確認できないのでこの時代も外すことにした。

王家のみを中心にし、豪族等も外す。ただし、巨大古墳ではないが「古墳配置」的に関連するものや王家的な遺物を持ったものは入れた。

第1章　古墳と被葬者

1　王家の谷　巨大古墳群

「巨大古墳」

日本中の大きな古墳は、基本的な考古学的調査は済んでおり、基本的なデータも簡単に手に入る。「**日本の大規模古墳一覧**」を見ると、造営された古墳のうち墳丘長２００ｍ以上の規模を有する古墳を、長さの順に並べてくれている。これを見ると「約40基」の巨大な古墳が築造されておりその築造時期（時代）も分かる。

大王墳を整理したい。大王の陵墓は決まった地域に集まる。そこで墳丘長２００ｍ以下でも王家の古墳も入れた。これらを「**巨大古墳**」と呼ぶことにした。

一方、地方などの巨大古墳や王家の「古墳群」に入らないものは外すことにした。

日本の「巨大古墳」は約40基あり、そこに初期の大王も含まれていると考える。その内、奈良盆地に19基、古市古墳群に7基、百舌鳥古墳群に3基、合計29基を王家候補にした。残りの約10基は群以外なので王家ではないとした。

「5つの巨大古墳群」

奈良盆地では「王家の谷」は3カ所
南部東側が**大倭古墳集団**　6基
北部中央が**佐紀古墳群**　8基
西部中央が**馬見古墳群**　5基
計19基

河内と和泉では2カ所
河内は**古市古墳群**　7基
和泉は**百舌鳥古墳群**　3基
計10基

関連も含め、この約29基は一体何だったのか。大王族には何があったのか。

ところで、天皇には一般的に初代神武天皇から9代開化天皇までは継がった事蹟がない。誰もいなかったのだ。崇神天皇以降も○代○○天皇と呼ばれており、実際代がピンとこない。分かりにくいの

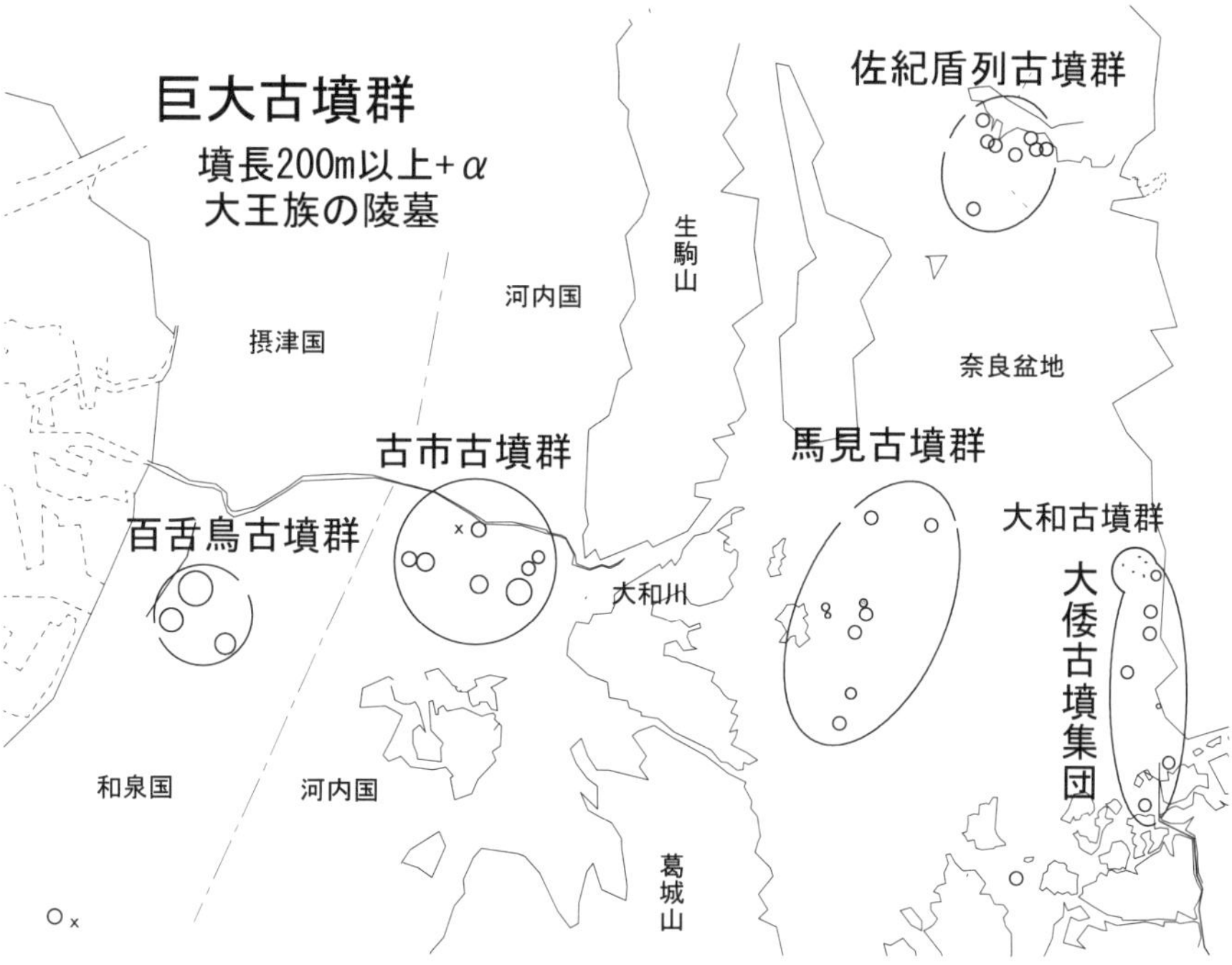

で本書では天皇代数を丸数で表現する。例　垂仁②。第2朝でもある。

2　王朝のストライプ　巨大古墳　築造データ

大規模古墳一覧

とりあえず、古墳を調べることにした。まず、「日本の大規模古墳一覧」があった。使ったのは2000年頃のもので大きさ順に並べてある。古墳時代の日本列島で造営された古墳のうち、墳丘長**200m以上**の規模を有する古墳だ。大王の古墳はここにあるはずだ。大仙古墳486mから200m以上の古墳は約40基ある。なんと、不思議なことに**全て**が**前方後円墳**だ。日本中だぞ。誰が造ったのか。いつ造ったのか。知りたいのは造った順だ。

21世紀に入って考古学にも多くのデータが集まっている。一方、考古学では不思議なことに巨大古墳の大きさを整理するだけで歴史（時空間）を見ようとない。築造順に並べるだけで時代が見えてくるはずだ。とりあえず築造順に並べたいと思った。

弥生時代末期から古墳時代へ変わる時、水稲で余裕を持ったクニグニが連合国をつくり、次に倭国となり巨大古墳が造られるようになった。この頃の時代を見よう。

まず、**口絵**の「巨大古墳リスト」を作った。巨大古墳の一般的なリストを「10期」の順に並べ直したもので、当時の考古学のデータだ。一方、巨大古墳群ではないものは外した。「10期」とは古墳が造られた初期から末期までを歴史的に並べたのだ。現在も大きくは変わらない（２０１７・12）。「１」は箸墓、「２」は西殿塚古墳・・・。

巨大古墳群　色付き

1番は・・・、ウ！「箸墓古墳」だ・・・。とりあえず古墳群欄に色を付けた。リストの備考欄が多いのは、**大倭古墳集団・佐紀古墳群・馬見古墳群**だった。最初の６基は褐色だ。次は、・・・**ワーオ！**

リストを並べるだけで古墳たちが整理され、歴史が自動的に見えてきた。築造順に並べ、古墳群に別の色を付けたら、３色ストライプが見えてきた。一瞬に古代史が見えてきた。一瞬に、大巫女（卑弥呼の継承者）が朝廷システムの一人として「まつり」（政・祭）を動かした、と思った。

10年前（2009頃）に中国の古代地図を見て、一瞬見ただけで、『魏志倭人伝』の陳寿が「瀬戸内海を**南**だと」と間違ったことが分かった。これもまた、あの時と同じだ。

中央に**ストライプ**が見えてきた。

何が起こったのか？　時代が、どこが、どんな古墳が、どんな歴史が・・・・・。

筆者には瞬間的にヤマトの女王巫が見えた。ストライプの一列が10年としても２００～

３００年間くらいだ。ここで倭の大王たちに登場していただこう。

色付け

別色を付けた。すると巨大古墳リストの冒頭部分は、順１～６で、すべて大和盆地の纏向周辺に当たる大倭古墳集団の６基だった。朝廷の制度がまだ固まっておらず大王が進めた時代と思われる。

次、順７～15では、佐紀古墳群の古墳と馬見古墳群の古墳が順番にきれいなストライプが並んだ。同じ経過が組になって長い期間がいくつも繋がる。普通ではない。

ストライプを見ると、パターンを持ったグループはピンク色の**佐紀古墳群**、黄緑の**馬見古墳群**だ。墳数をみると大和に馬見古墳群は５基、佐紀古墳群は８基、大倭古墳集団で６基、計19基だ。これが「王家の谷」の被葬者だろう。古墳群が３ゾーンある。ストライプが並ぶとは「朝」が経過したことを示す。３種の役があったのだ。即ち、「大王と皇后と・・」もう一つ必要だ。「誰だろう」・・・。

やったー！　卑弥呼や台与の続きだ。「女王」もしくは「大巫女」だ。

リストを見ると同じ経過が組になって長い期間が繋がるが、普通ではない。ストライプがワンセットになるということは、各古墳群に１つずつの巨大古墳が造られ幾つかのセットが出来たということだ。幾つかの朝廷が１つずつ進んだ意味で、例えば４セット数を見れば４ファミリーが進み、４朝廷が進んだということだ。

本書では大王たちが誰だったのか、どうしていたのか、ということを優先した。世界的に王家の陵墓は古墳群に集まる。地域の古墳は王家ではなかろう。そのため豪族たちは外すことで中枢を見やすくした。逆に小サイズでも古い特徴を持った古墳は取り上げた。結果、リストの下欄部ではストライプが乱れるようになったが、倭が倭をまとめ終わり、次に半島との関係が進んだということだろう。もしくは、考古学的データが間違っているからだろう。

考察１

この時代、政治と祭祀が分離されていなかった。「まつる」ことは「祭政不分離」状態、即ち「祭政一体」だったと思われる。民は集まって開墾し、呪術のおかげで豊年だったと喜ぶのだ。エジプトの民がファラオのピラミッドを喜んで造ったのと同様で、巨大古墳を造った。倭では水稲のおかげで余裕が出来た。まだ巨大古墳が無かった頃、戦《いくさ》をなくし平和を選んだ古代日本は「卑弥呼　鬼道する女王」を選んだ。そして卑弥呼がなくなった時「大きな塚」が造られた。自律的にと思われる。

この後、初期朝廷が進むためには「大巫女と王」のセットが必要だった。「クニグニ」の首長たち、民たちは山の幸、海の幸に憧れ平和に住みたかったのだ。日本とは、阪神淡路大震災や東日本大震災で食べ物を分け合ったり、外国のサッカー場で負けても掃除したり、驚かれるほどの平和な民族なのだ。平和を保ち続けるのが重要で、祀《まつ》るには「大巫と大君と妃」が必要だった。

このためには、ヤマト王権の古墳は、「大規模」であること、かつ「前方後円墳」であることも重要だった。３期後半以降では朝廷にとって「水面の広がり」がある水周濠も必要だった（以降「**水周濠**」と呼ぶ）。神の眠る場は静謐でなければならなかった。ヤマト政権にとって倭全体にとって先述の体制と古墳のアイデンティティが必要だった。

また「**大君と皇后と大巫がセット**」であることが必要だった。このような体制を取りあえず「**ヤマト体制**」と呼ぶ。一般的に言う「大和朝廷」に「大巫」（大巫女もしくは女王）を加えた体制だ。

3　追加リスト　２００m以下の大王族墳

「ヤマト体制」がどのように進んだか。巨大古墳は天皇ファミリーの数だけあるはずだ。大倭と河内和泉に大王と思われる古墳は15基以上ある。佐紀古墳群では后《きさき》の古墳は８基だ。「大巫女」も８基あるはずだ。古墳はどこか？　馬見群では５基は分かっている。どこか・・・、前方後円墳を探そう。

「王家の谷」で前方後円墳かつ墳長１００m程度以上を航空GoogleMapで探した。やはり馬見古墳群エリアにあった。馬見群のデータも見つかった。それを整理し「墳丘長」に加えたのが「**追加リスト**」だ。

１８０ｍ以上が2基あり、また２００ｍ以上のリスト漏れがあったので川合大塚山古墳を追加した。また小さいものでは、他に佐紀古墳群の瓢箪山96ｍと馬見古墳群に新山１３７ｍ（橿考研〈＝奈良県立橿原考古学研究所〉より）と佐味田宝塚１１１ｍの３基も追加した。普通では見られない特殊な出土遺物を持っていたからだ。

追加リスト

古墳名	墳丘長	追加理由	所在地
新山古墳	137	「**直弧文鏡**」、34面の銅鏡が出土	北葛城郡広陵町
佐味田 宝塚古墳	111	「**家屋文鏡**」、36面の銅鏡が出土	河合町佐味田字加明貝吹山
佐味田 貝吹山古墳	185 明治錯誤 100 ?	7面の銅鏡、宮内庁に実物があるのに佐味田貝吹山古墳を不明としている。	河合町佐味田字**貝吹山**
陣ノ山古墳	18 二重書	同右・錯誤、「垂仁体制・狭穂姫」を参照 橿考研のミス、現地に行けばすぐ分かる。	河合町佐味田字**新池**
倉塚古墳	180	準巨大古墳で馬見群中央	河合町佐味田
川合 大塚山古墳	215	馬見群北西、巨大古墳リストもれ	河合町川合
佐紀 瓢箪山古墳	96	琴柱型石製品３点が出土 狭穂姫の愛蔵だろう（後述）	奈良市佐紀町 佐紀古墳群

特殊な古墳ばかりだ。新山古墳は馬見古墳群唯一の前方後方墳で、もっていた直弧文鏡はさらに特殊だ。瓢箪山と宝塚は前方後円墳だが水周濠を持っていない。瓢箪山には女性的な出土遺物（琴柱《ことじ》）があり、宝塚には歴史的に重要な家屋文鏡を持っていた。小型な古墳といえば「記紀」の若く死んだ「狭穂姫」がピンとくる。どれも初期と考えられる。

また、「佐味田貝吹山古墳」は宮内庁が完7面の鏡を保存しているが、古墳本体は町に聞くと不明らしい。そんなばかな。大きな古墳が無くなるはずはない。航空図で探してみると宝塚古墳のすぐ北側に見つかった。現地に3度も見に行った。だが、町にも考古学者にも見せても信じない。

信じて古墳を当たってみると、関連だらけだった。後の「五社神《ごさし》古墳」「垂仁体制・狭穂姫」に、さらなる発見が続いた。ビッグニュースなので後章に詳述する。

また、「倉塚古墳」と「陣の山古墳」も重要だが、これも後述。

考察2

『魏志倭人伝』のこの時代、倭国をまとめていたのは「卑弥呼」と男弟、即ち「女王／巫女」*と政務者だった。占いと実政治が一体化していた時代で、繋がった2者が協力し実祭政を行ったということだ。

一方、馬見古墳群の新山古墳から出土した「直弧文鏡」を見て驚いた。現代人でも驚くほどの精密さで、普通ではない。ハイテクそのものだ。大巫女の鏡だろう。幾何学が呪術の道具で現物を動かしたのだろう。

古墳の配置や形態は、大巫女が祭祀を決めていったのだろう。考古学の調査も進み、馬見古墳群の古墳には鏡や女性的遺物が出てきた。また、そばに「ヒメ」の名が付いた神社もある。馬見古墳群とは女王か大巫女のゾーンだと思われる。

＊「女王／巫女」

現在の巫女とはまったく違う。

１　神と直接接触・交流・交信を担う役職だったかもしれない。

２　当時、「鬼道」では首長たちや民が信奉できる「ミコ」、首長たちや民をまとめる「女王」が必要だった。

３　「卑弥呼」の「巫女」、『魏志倭人伝』の文言「以婢千人自侍」とは、ヤマトだけを「侍らせ」てしたのではなく、全国が同じで超自然的存在となる祭祀の司者であった。「卑弥呼」がマスターで「婢」はサブマスターだった。どちらも「ヒ」でよく似た仕事をしたのだ。おかげで全国の首長も政治を楽に進めることができた。

４　倭国全体（全国）かつ短期間に「前方後円墳」が造られた。普通じゃないよね。アイデンティティをもって「女王（巫女）システム」が働いていたと考えられる。倭全体をまとめたのは彼女たちだったと思う。

4　古墳配置Ⅰ　大和盆地

巨大古墳同士の関連

いよいよ古墳を見よう。巨大古墳は集まっているがばらばらだし、古墳同士に関連があったことなど、誰も気付かない。古墳間が数㎞から数十㎞も離れると大きくても無関係だ。感じすら見ようとしない。巨大古墳の墳丘長は２００ｍ程度で、古墳も大きいのだがエリアが広いので小さく見える。バラバラだけど何もないのか。主軸（古墳の中心線）の方向が意味を持っているのではないか。

図のライン、ラインを１つずつ、何か関連はないかと考えながら探した・・・。

ワーオ！　あったー！　見付けた。また、見付けた。・・・。

図上ではあるが「**関連チェック**」した。１つ１つが見付かるごとに息が止まり、感動しまくった。

A　古墳配置　奈良　①～④朝

崇神・垂仁・景行・成務ファミリー

奈良盆地には、北から「**佐紀古墳群**」、中央部西に「**馬見古墳群**」、東南部に「**大倭《おおやまと》古墳集団**」がある。奈良盆地の中央は平坦で広く、巨大古墳も山もない。以前は構造湖だったからだ。佐紀古墳群では、すべての巨大古墳を見ると後円部が高く北向きだと誰でも分か

奈良の巨大古墳群

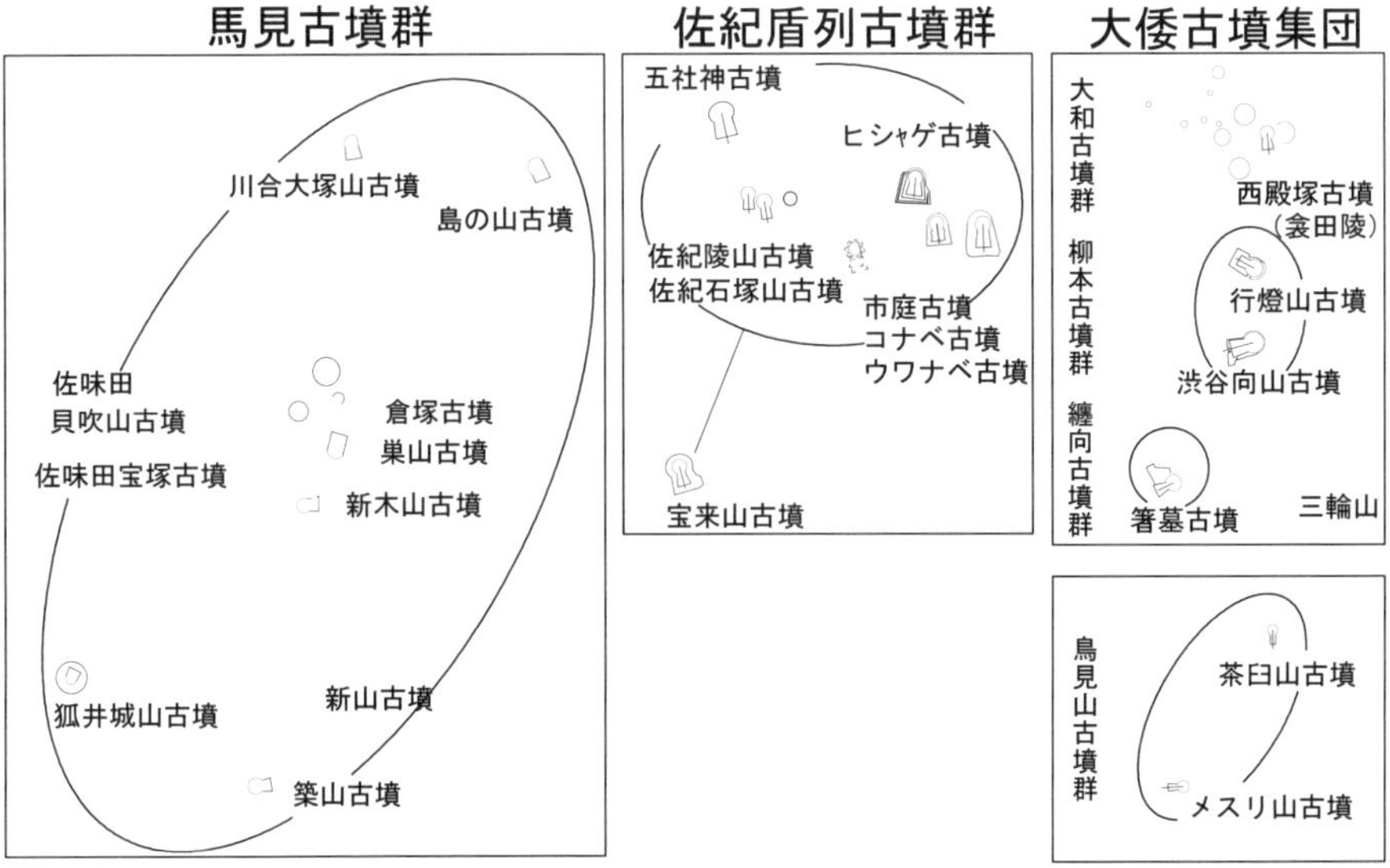

る。だが、他の古墳群はバラバラだ。だが、適当に造られたとは思えない。古墳群は３ゾーンに分かれるが、これらは盆地の周囲の山麓にあり向かい合っている。実は、これがポイントであった。古墳群ということは、これらが王家の巨大古墳だということだ。

次頁の関連図Ⅰ「**大和時代①〜④**」を見よう。ごくごく小さいものが巨大古墳だ。よーく見れば前方後円墳の方向も分かる。古墳群を拡大したのが上図だ。どれも２００ｍクラスで水濠を入れれば４００ｍ以上だ。

３つの古墳群の各々の古墳に関連がないかとそれぞれに当たってみた。すると、これまでバラバラかと思われた巨大古墳の位置や方向に関係があることが分かった。古代人がなぜそう造ったのか分かってきた。分かった関連をネットラインとして示した。

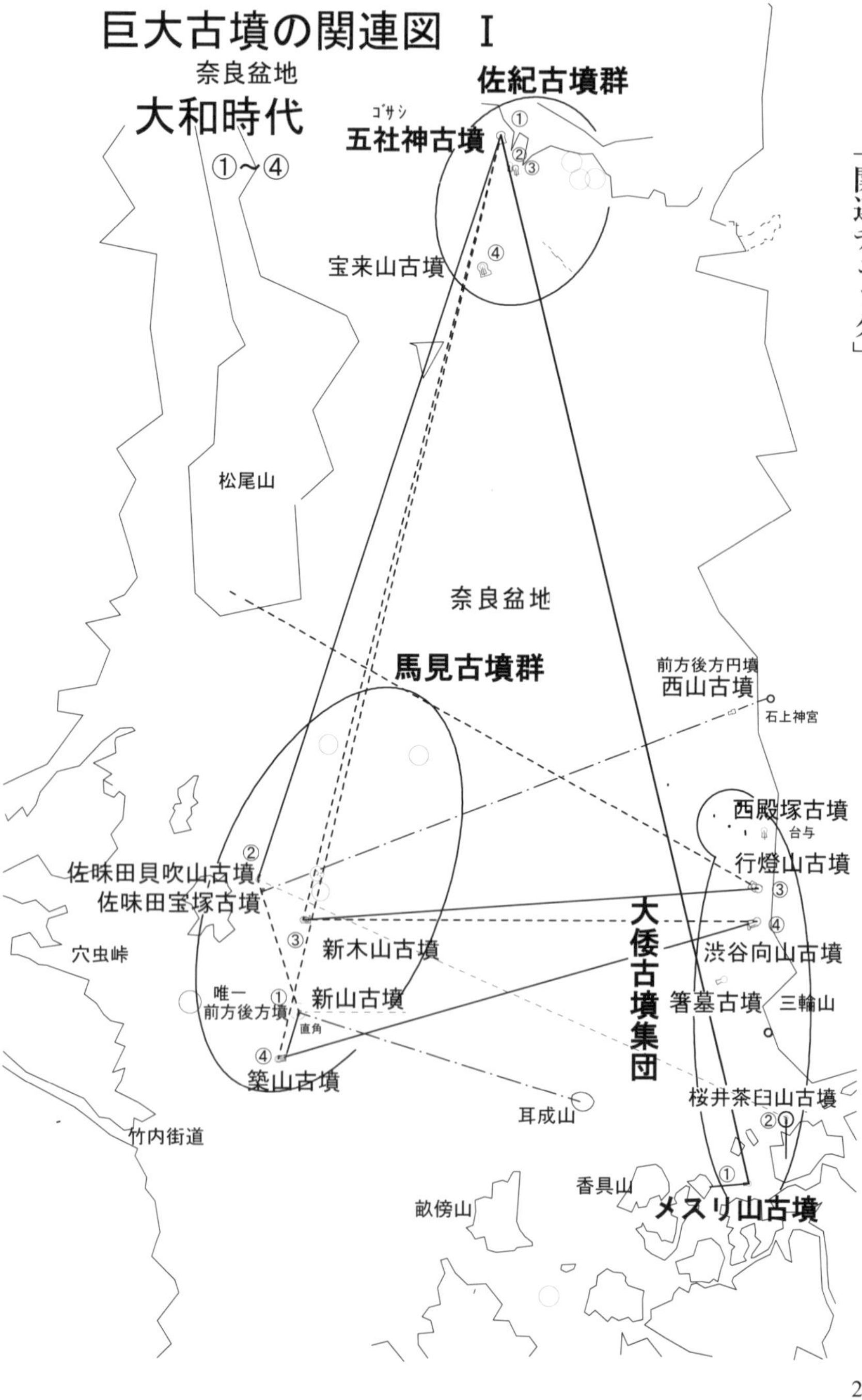
巨大古墳の関連図 I
奈良盆地
大和時代
①〜④
佐紀古墳群
①
五社神《ゴサシ》古墳
②
③
④
宝来山古墳
松尾山
奈良盆地
馬見古墳群
前方後方円墳
西山古墳
石上神宮
西殿塚古墳
台与
行燈山古墳
③
④
②
佐味田貝吹山古墳
佐味田宝塚古墳
③
新木山古墳
大倭古墳集団
渋谷向山古墳
穴虫峠
唯一
前方後方墳
①
新山古墳
箸墓古墳
三輪山
直角
④
築山古墳
耳成山
桜井茶臼山古墳
②
竹内街道
①
香具山
畝傍山
メスリ山古墳

初めから書くと、まず北から順に当たってみた。佐紀古墳群。２００ｍサイズの巨大古墳が８基ある。最北西から見始めると五社神古墳①だ（図中央北端）。そこで**五社神古墳の主軸**をずっと伸ばした（右下へ太線）。・・・　**ワオ！**

メスリ山古墳に当たった。何の意味なのか。ウー面白い。

メスリ山古墳は奈良盆地の巨大古墳のうち最も高い標高地であり、五社神古墳は佐紀古墳群の最北かつ最高地だ。メスリ山古墳は逆に最南だ。墳間は直線距離25㎞、両方ともに山麓にあり狼煙《のろし》が見えたろう。主軸ということはメスリ古墳を見て五社神古墳を造ったのだ。東京駅から横浜ぐらいの距離、琵琶湖の北半分に立ち向かうと、山並みも見えて古代の奈良平野のイメージが見える。麓《ふもと》同士、古代人でも鏡信号で会話できたかもしれない。

巨大古墳同士に何の関係があるのか？　夫妻しか考えられない。五社神の後円部の径は奈良では最大で、メスリ山はプリミティブな形をしている。どちらも普通じゃない。ということは、五社神古墳①は御間城姫（崇神①の妃）でありメスリ山古墳①は崇神スメラだと思った。

御間城姫は今でもメスリ山古墳に向いている。五社神古墳の主軸が最初の「実在の天皇」の陵墓を示している。即ち本来の「崇神天皇陵はメスリ山古墳」だろう。現在、国の史跡に指定されているが、後円部の中腹に神社があったり墳頂に石棺の天板石を見せたり、果樹園にされたり、毎日のごとく古代ファンにより踏まれている。日本人として他の天皇陵以上に宮内庁が整備されるよう望みたい。詳しくは後述。

この調子で巨大古墳の関連を見つけた。それを前々頁の図「巨大古墳の関連図Ⅰ」に古墳ラインとして示す。本来、バラバラに見つけたものだが見やすいように築造順に並べておいた。事実を単純に書いたものなので、各自で自由に見てもらってもよい。また、関連を分かりやすくするため、主軸線は実線で、位置関連のみがある場合は破線で示した。主軸線とは主軸を前方部の向きに延ばしたものだ。

丸数は朝廷ファミリーの「朝」数ですが、無視してください。

「**新山《シンヤマ》古墳**」①

馬見古墳群の新山古墳①は、三輪山の西に位置し馬見丘陵の東南麓にある。**大和朝廷最古かつ唯一の前方後方墳**だ。はじめは気が付かなかったが、実は後方部の側墳軸が耳成山に向かっていたのだ。その後、前方後方墳の主軸が働いていたことも確認した。

次、「**宝塚古墳**」と「**貝吹山古墳**」②

一方、新山古墳①と宝塚古墳と貝吹山古墳②の3墳の墳頂は1本の直線に乗っている。貝吹山古墳は河合町では不明とされているが筆者が再発見した。第3章の「垂仁体制・狭穂姫」に詳しく載せてある。宝塚古墳の主軸はあらぬ方向なので、こちらが先かと思われる。なにか理由がありそうだ。また、**貝吹山古墳**②は馬見古墳群のピーク（標高が最高）であり、その主軸の延長は「五社神古墳」①へ向いている。

次、「**新木山古墳**《ニキヤマ》」③

新木山古墳の主軸の延長（実線）は行燈山古墳③（東北東）に当たる。古墳を築造するには最初は位置、次に主軸を決めたはずだ。真東（破線）を見ると向山古墳④だが実は逆、新木山古墳③を見ながら向山古墳の築造を進めたと分かってきた。

この論を書き始めたときには向かい合わせを並べただけだったが、今やはっきりと築造順が見え始めてきた。すごいなあ。自分でもビックラだ。多分、誰も気付いていない。

次、「**築山古墳**」④

築山古墳の位置は向山古墳④の主軸の延長にあり、その上、新山古墳①の主軸の延長でもある。両方の交点だ。さらに驚くことに築山古墳④の主軸線と向山古墳④の主軸線は同じ直線で逆方向だった。ということは、以降、古墳の方向は前方部方向であることが重要なのだ。

向山古墳④が新木山古墳③を見ながら築造し、また築山古墳④は新山古墳①を見ながら築造された。この位置にありかつ、この方向にあるので、**同時**に築造したのでなければならない。「巨大古墳の関連図Ⅰ」と口絵1頁参照。

以降、古墳の前方部方向への主軸の延長を「**主軸線**」と呼ぶことにした。

巣山古墳⑥（30頁参照）の主軸線は五社神古墳①へ向かい、逆に延長すると築山古墳④になる。前方部向きだ（左実線＝主軸線）。④も⑥も五社神古墳①への主軸線となり重なる。また、五社神古墳と関連を確定できる場合、その線を「五社線」と呼ぶことにした。
段々分らなくなってきたので整理。
主軸線：前方部向きの主軸の延長線（実線）・河内和泉では後円部向き。
関連線：主軸ではなく関連がある線（破線）。
五社線：五社神古墳へ向かう線。

次、「**宝来山古墳**」④

佐紀古墳群の中央から少し南に外れたのが宝来山古墳④だ（同口絵）。主軸線は渋谷向山古墳④に当たる。もしかしたら宝来山④は佐紀后群から外れるかもしれないと思ったが、主軸線を見れば佐紀群で間違いない。
渋谷向山古墳④を中心に宝来山古墳④と築山古墳④がガッチリと1つの体制となった。「朝」となった。図上にラインがつくった形ができた。夫妻と大巫だろう。大君と妃と大巫のファミリー、即ち1つのグループができたと考えても間違いなさそうだ（「第4朝」）。
次、次って書くと陳寿気分になってきた。

さて、実は前方後円墳の向き、前と後の意味がよく分からなかった。だが、ここまで見てくると古墳と古墳の向かい合う方向の意味が分かってきた。以前、筆者は前方部から後円部を臨むと思い、後円部が主で前方部の縁をテールアップと呼んでいた。実は後円部を背中にし前方部から相手の古墳を臨むのが正解だ。よって前方部の立ち上がりはヘッドアップと呼ぶことにした。

ヘッドアップだと平地から全体が大きく立派に見え実に良い。後円部の頂に立って前方部方向を見るのが**古墳の正方向**と考えるのが良さそうだ。新しい古墳を造る場合、大王の陵や五社神古墳に向かって造られたのだ。

次に進もう。と思ったが巨大古墳の関連ラインが線だらけで平面図が見えにくく、分かりにくい。そのため奈良盆地を「大和朝廷時代」と「河内和泉時代」へと分け、さらに別図として河内和泉古墳群（「巨大古墳の関連図Ⅱ」参照）を分けた。実は、分けた３つの図は関連していたのだ。後述。

だがまずは、次の巨大古墳の配置に進もう。

B　古墳配置　奈良　河内和泉時代　⑤〜⑧朝

仲哀・応神・仁徳・履中ファミリー

大王の造営される陵墓が大和から河内和泉に変わった。だが、大和では巨大古墳のパターンは変わらなかった。

「倉塚古墳」⑤

次の倉塚古墳⑤は「西山古墳（物部氏の後円付前方後方墳）の主軸線」と「新木山古墳

巨大古墳の関連図 Ⅱ

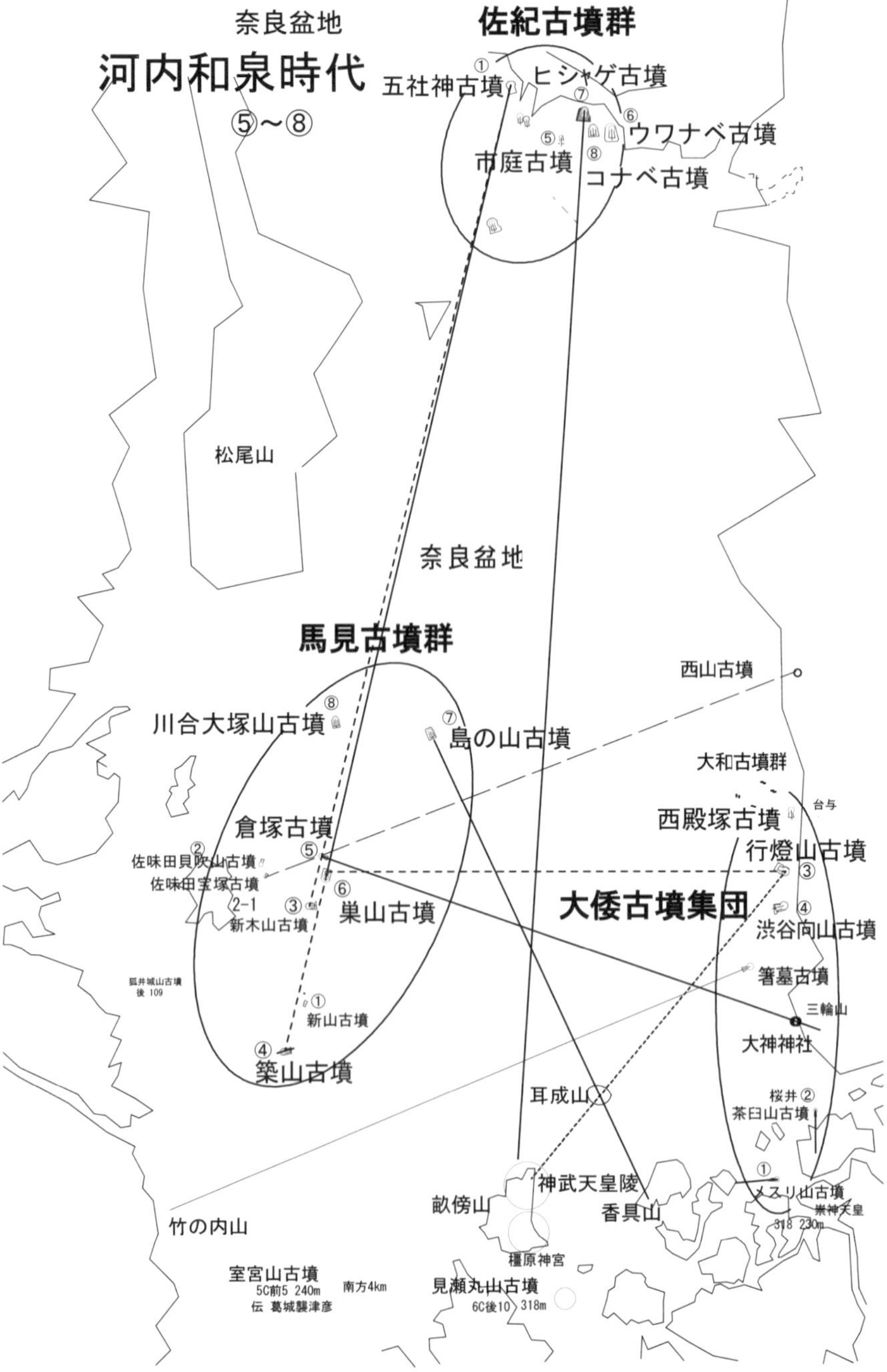
奈良盆地
河内和泉時代
⑤〜⑧
佐紀古墳群
①五社神古墳
ヒシャゲ古墳
⑦
⑥ウワナベ古墳
⑤
市庭古墳
⑧コナベ古墳
松尾山
奈良盆地
馬見古墳群
⑧川合大塚山古墳
⑦島の山古墳
倉塚古墳
②佐味田貝吹山古墳
佐味田宝塚古墳
⑤
⑥巣山古墳
2-1
③新木山古墳
狐井城山古墳
後 109
①新山古墳
④築山古墳
西山古墳
大和古墳群
台与
西殿塚古墳
行燈山古墳③
大倭古墳集団
④渋谷向山古墳
箸墓古墳
三輪山
大神神社
桜井②
茶臼山古墳
耳成山
①メスリ山古墳
崇神天皇
318 230m
神武天皇陵
畝傍山
香具山
竹の内山
橿原神宮
室宮山古墳
5C前5 240m
伝 葛城襲津彦
南方4km
見瀬丸山古墳
6C後10 318m

③の五社神線」の交点に築造された。本体の主軸線はその位置から三輪山（大神神社）への方向だと思われる。

また、倉塚古墳⑤は貝吹山古墳②に近い場所を選びサイズもほぼ同じ１８０ｍだった。また、宝塚古墳の位置は西山古墳の主軸線に乗っている。ところで、どちらが先に築造されたか分からない。多分、女王時代だろう（後日マチガイ）。西山古墳は前方後円墳ではないから大和朝廷でもない。だが関連はあったようだ。

「巣山古墳」⑥

位置は行燈山古墳③の真西に当たり、驚くことに本墳⑥の主軸線は築山古墳④の五社線と重なる。即ち、巣山古墳の位置は築山古墳④の五社線上で行燈山の真西だ。主軸線は五社神古墳に向き、逆向き方向を見ると築山古墳④の後円部の墳頂に向いていた。

ということは、全く同じ呪術が働いていたのか。行燈山古墳に向かって造った新木山古墳の五社線と、巣山古墳の五社線が一致していた。

ところで、ここで見直すと倉塚古墳⑤と巣山古墳⑥の築造順は幾何学的には決めようがない。そこで先に次節を見てしまうが、河内の古墳の大きさ、周濠等を見れば仲津山古墳⑤と誉田御廟山古墳⑥の状態を参照せざるを得ない。多分、築造順は仲津山⑤、誉田⑥の順で間違いないだろう。馬見古墳群でもこの順でよかろう。

倉塚古墳⑤（全長１８０ｍ、後円部径１０６ｍ、高さ16ｍ）はそばの貝吹山古墳②（全長１８０ｍ）とそっくりだ。ついでに書くと、佐紀古墳群の市庭古墳⑤は地図を測ると墳径105m、高さ13m（平城京建設時に前方部を破壊）とほぼ同じだ。倉塚古墳⑤は市庭古墳⑤とそっくりで仲哀ファミリーと考える。ウム、まちがいない。

「**島の山古墳**」⑦

ここから、配置場所が中央付近に変わった。主軸が耳成山に向いている。なぜか。お楽しみにする。

「**川合大塚山古墳**」⑧

次に、西に近く続いて「川合大塚山古墳」⑧がある。少し大きくなったが「島の山古墳」⑦と形態がそっくりだ。何があったのか。

「**変化**」

大王の陵墓が大和から河内和泉に変わったのに、大和では以前のままに築造されてきた。大和でも巨大古墳のパターンが変わった。次の「**島の山古墳**⑦」の主軸線は延ばすと耳成山の山頂に当たり、さらに延ばすと香具山の山頂に当たる。また、佐紀古墳群の「**ヒシャゲ古墳**⑦」の主軸線は畝傍山の山頂に向かっている。このやり方は一般的ではないが、両方が同じ手法を取ったと考えられる。きっと、ヒシャゲ古墳⑦と島の山古墳⑦は同じファミリーだろう。

宮内庁が見せてくれないが、きっと馬見古墳群の前方部頂に粘土槨があると思う。

さて、次の川合大塚山古墳の向きはどこだったのだろう？　・・・

オマケ　**神武天皇陵**
明治時代、神武天皇陵は橿原神宮に近く、行燈山古墳（当時の崇神天皇陵）の前方辺中央と耳成山墳頂を結んだ延長線上に築造された。古墳ではない。

5　古墳配置Ⅱ　河内和泉

河内和泉　⑤〜⑧朝（⑨〜⑫朝は後述）

奈良盆地の８朝にわたる后と大巫の陵墓と４朝の大王の陵墓を見た。次に、大阪平野に残った４朝を見よう。河内和泉の巨大古墳は古墳群なので大王だ。九朝以降は後述。

このエリアの中央は堺市の都市公園で、両側左右にまとまっているのは一般的に言われる「百舌鳥古墳群」と「古市古墳群」だ。巨大古墳が奈良から大阪平野へ出てきた。だが、現在でも築造順が決まっておらずややこしい。考古学者ごとに見解があり最大の巨大古墳「大仙古墳（４８６ｍ）」ですら決まっていない。つまり大王が誰かも分からないのだ。

「記紀」によれば「仲哀大王」は九州で没した。大和朝廷の初期を見ると大王の陵墓は４朝が大和盆地に造られ、この後、河内和泉に大王の陵墓群が造られた。どの順に造ったか。古墳時代では一帯の地域で古墳同士がつながっていたので「**河内和泉古墳群**」と呼ぶことにした。精密な航空写真図を作った。その図に関連をラインとして書き込んだ。ここに、歴史につづられた巨大古墳が造られ、大王の陵墓が続いた。「河内和泉」で最初に造られた大王の古墳はどれか。図を見ながら古墳順を進めよう。

「仲津山古墳」⑤

河内和泉の最初の古墳は、古代の人々が大和の気持ちを残しながら築造したもので一番近い所に造られたのが「仲津山古墳」だ。地盤面も河内和泉で一番高い。大和川が奈良から大阪平野に出た所、河の正面（真東）にあり、後円部が北東方向、つまり高尾山に向かっている。

確認したところ、河内和泉では全ての巨大古墳の主軸線の向きが変わっており、後円部方向に向かっている。多分、方向が変わったのは仲哀大王

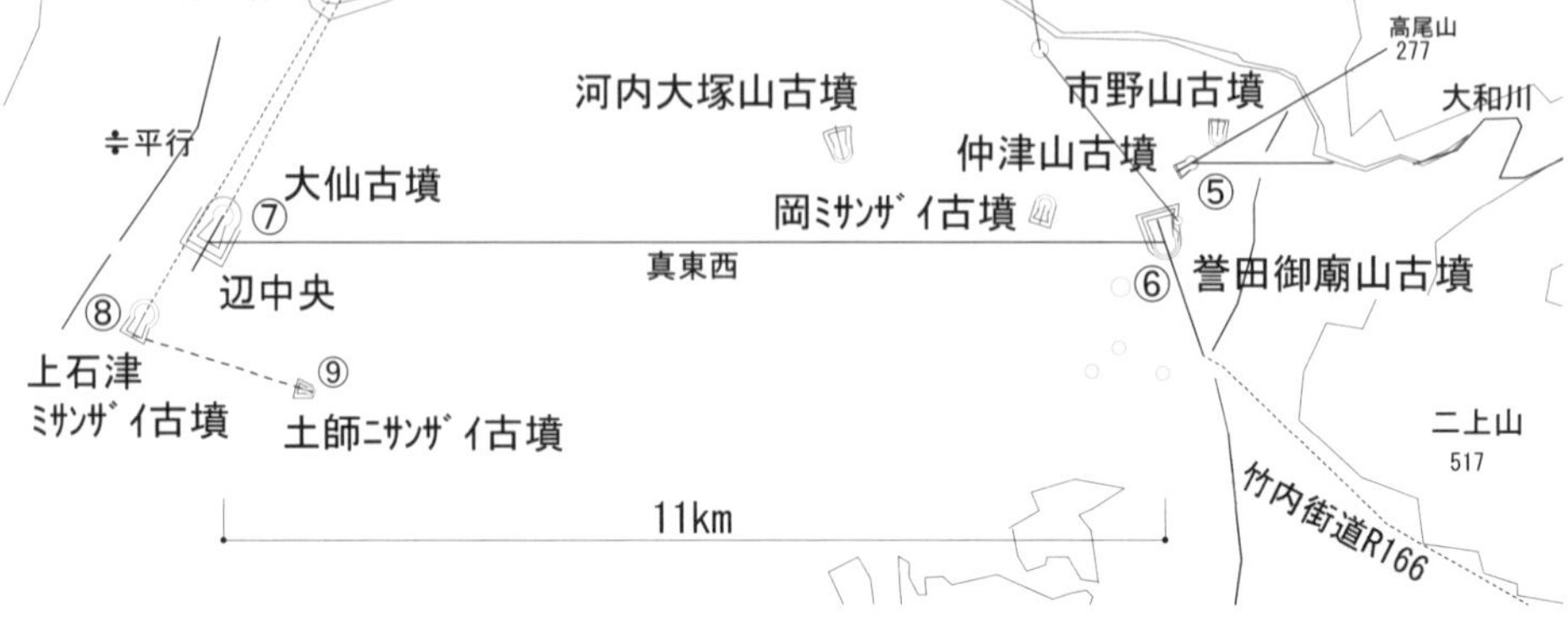

が没したことで大巫の力がなくなり方向を変えたからだろう。

仲津山古墳⑤は奈良最後の成務大王④の渋谷向山古墳④から小さくなり、后の市庭古墳⑤も大巫の倉塚古墳⑤も小さくなった。だが后墳も大巫墳もあったということは、朝廷は続けられたが財政力が小さくなったためだろう。

ところで、河内和泉で最初の陵墓の可能性があるのは「津堂城山古墳」だが、その主軸線が円墳に向かっており王家墳ではありえない。大和朝廷のルールでは陵墓は神の山に向かう。仲哀ファミリーが揃った。一方、仲津山古墳は当時から陵名に「仲」が付いたままだと思われ、よって「仲哀大王」の陵墓としても間違いなさそうだ。

「誉田御廟山《こんだごびょうやま》古墳」⑥

次、南隣、「応神大王」で在位期間が32年と長い。陵墓も大きかろう。だが、まだ大和に心を残したままだった。築造したのが誉田御廟山古墳②で、この主軸線を延ばしてみたところ竹内街道と石川の交点に当たった。要衝だ。

明石海峡から真東に来ると住吉大社、そこから奈良へ行くのが竹内街道だ。この街道と大和川の支流、石川の交点を主軸として超巨大な誉田御廟山古墳が築造されたのだ。

「大仙古墳」⑦

次に造られた大王の古墳はすぐに分かる。11㎞も離れるが真西で、超巨大な古墳だ。「大仙古墳」の位置はよく見ると本体の前方部の底辺の中点と⑥誉田の墳頂が**真**東西に当たる。ということは、誉田の墳頂を見ながら大仙を築造したのだ。築造順を変えることはできない。1つのゾーンであり、1つの古墳群だ。「**河内和泉古墳群**」の名前に変えてもおかしくなかろう。

方向は主軸を渚段線に合わせたようだ。これは瀬戸内海から近づく船に大仙を見せようと築造したようだ。倭の国力を中国に見せるため超巨大古墳を造ろうとしたのだろう。宗の初遣使は仁徳で倭王として天子から名前が欲しかった。おかげで「倭の五王」の第1番名は「讃」だ。

「上石津ミサンザイ古墳」⑧

これもまた、次に造られた大王の古墳がすぐに分かる。「大仙古墳」と「上石津ミサンザイ古墳」はすぐそばだ。「上石津ミサンザイ」を築造するにあたり大仙古墳の西周濠の西岸縁線を主軸としたのだ。多分、ミサンザイが小さいため海から大きく見えるように西側へ寄せた（34頁図の下左）。あっと驚くのは標高だ。後円部の墳頂の標高がともに同じ44mだ。、大仙に合わせたのだろう。離れて見るとつながる。

だが大仙・ミサンザイともに主軸の方向は別にあった。「光丘」119頁に後述。

王家以外の古墳

「河内和泉」の巨大古墳のうち、王家の籍ではないものを外した。

津堂城山古墳：主軸線が「二ッ塚古墳（円墳）」へ。「大倭古墳集団」と同時期のため王家墳ではない。
摩湯山古墳：岸和田市で王家のゾーンでない。
西陵古墳：泉南郡岬町も同右。
墓山古墳：誉田御廟山の陪塚、遺骸なし。

この頃奈良では

五社神古墳の関連を見直すと垂仁の大巫墳②から応神の大巫墳⑥まで互いにからみ合っていた。が、仁徳の大巫墳⑦以降は単独になってしまった。

また、巨大古墳が奈良から大阪へ変わったことで、仲哀時代をもって政権が変わったと言われることもある。だが、大和では后や大巫の巨大古墳が続いており政権変化はなかったと思う。

また、佐紀古墳群と馬見古墳群では仲哀⑤ファミリーの古墳は小規模に造られた。だが、応神⑥以降は奈良、大阪共に遥かに大きな陵墓が造られた。やはり政権の変化はなかったと思う。

だが、仁徳巫墳以降、五社神古墳の関連がなくなったことを見ると大巫の変化はあったようだ。一方、佐紀古墳群の東部での古墳の配置を見るとファミリー達は応神⑥から履中⑧まで仲が良かったようだ。歴史学者の考えはいかに？

河内和泉では仲哀が没したことで古墳の向きが変わった。奈良では前方部方向に向いていたものが河内和泉では逆になった。大王の政治力が大きくなり、大巫の祭祀力が小さくなったのではなかろうか。

6　ステージ

「古墳リスト」と「古墳配置」の両方を同時に見たので古墳の築造の順がはっきりと見えてきた。そして自分が分かりやすくするために作ったのが「築造ステージ」表だ。

一方、考古学者が巨大古墳の築造時期を出している。これを修正すれば役目を組み合わせると築造の順次と時期が見えてきそうだ。中国の文献情報と歴史学的情報を補完すれば古代の行動が正しく見えてきそうだ。

まずは下表。これが全巨大古墳の中から、初期の時代と古墳群の位置を理解しやすくするため**ステージ**と呼ぶことにした。バーは築造された時期で、はじめは考古学の表示に合わせていたが古墳配置が見せる築造に合わせ直した。初期時にはバラけたバー

巨大古墳　築造ステージ

現在　2017.6

	ステージ1	ステージ2	ステージ3	ステージ4	ステージ5	ｽ6
女王	民の自然発生墳 円墳	前方部ヤマト体制のための造形 前方部				
大君 大王		鳥見山古墳群　大倭 土造　デザイナー倭の心 生死・豊・平和・美	柳本古墳群 土+水	河内和泉 超巨大	河内 安泰	
妃(皇后)		ｽﾃｰｼﾞ2・3の皇后		ｽﾃｰｼﾞ4の皇后	全て大和	
大巫	女王	ｽﾃｰｼﾞ2の大巫		ｽﾃｰｼﾞ4の大巫		
		初期型前方後円墳 ﾌﾟﾘﾐﾃｨﾌﾞ	完璧形 倭国内の整備	中韓に見せる		

247記 卑弥呼没　318記 10崇神没　11垂仁没　341記 12景行没　355記 13成務没　362記 14仲哀没　432記 17履中没　489記 21雄略没

だったが繋がってきた。

自分が巨大古墳時代を理解するために作った「築造ステージ」だが便利で、初めはざっとしたものだったが修正しまくり、今では無くすことはできない。突き合わせて見ると時代・事蹟などすごく分かりやすい。

これと口絵の「巨大古墳リスト」を見ると時代の経過も分かってきた。バー表示を合わせて見ると、時間的に同時に理解できて助かった。理解が進むとバーを修正し、何度も修正する。現在ではほぼ正しかろうと思う。だが10年もすれば新たな考古学の発見もあろうからまた理解・修正も必要だろう。と書いていたが1年も経たぬうちに自分自身の発見が沢山あった。そのため、当初とはまるで変わっている。次の表「時期ステージ」も重要だ。読者も「本人の時空間」を作り出すとよいと思う。時間は２００～３００年、地域空間は奈良から河内和泉だ。

外国でも古代の巨大な墳墓は王家のものだ。また、王家では陵墓群となることが普通だ。民も喜んで王家のために陵墓を造った。奴隷などいない。丁度、倭でも3世紀中期以降から5世紀後期に当たる。即ち、築造ステージの初期は民の自然発生墳であろうと思われる。

今では築造形態や築造時代を固めることができた。これを重ねることで理解が固まってきた。ステージ１では箸墓古墳（円墳）が造られ、西殿塚古墳も円墳として造られた。続いて鳥見《とみ》山古墳群が造られ、その後、箸墓古墳と西殿塚古墳の前方部が増築された。この時がステージ３の時期で、大和朝廷が民のために祭事場所を増築したのではないかと考えている。

巨大古墳　時期ステージ

	ステージ１ 箸墓　→　西殿塚 円墳(初期)	ステージ２ メスリ山→茶臼山	ステージ３　以降前方後円墳 行燈山→渋谷向山	佐紀古墳群	馬見古墳群
場所	奈良盆地東部南	奈良盆地南東部		奈良盆地北部	奈良盆地中央西部
主	首長共立女王（卑弥呼～台与）	大王		皇后	大巫
活動	大王以前	倭国まとめ		倭国完成実動	
時期10期	247年・3C後～　1・2期	～4C後　3期		4C後～5C前　3・4期	
古墳	女王古墳　2基 + 台与Ⅱ～Ⅵ	大王古墳　4基 14成務355没		すべて200m級　4基 100m級　1基	200m級　2基 100m級　3基
古墳名	上記	上記		女性はｽﾃｰｼﾞ3・4　場所動かない	
陵墓名	卑弥呼・台与	10崇神・11垂仁	12景行・13成務	御間城姫　日葉酢媛命 八坂入媛命　成務13の皇后	大巫 1～4

ステージ０　　纏向グループ
弥生　　大王と皇后と大巫女

ステージ１　逆　ステージ２
考古学者の編年大勢　「箸墓→西殿塚→茶臼山→メスリ山→行燈山→渋谷向山」
276　234　208　230　242　302　m

ステージ２は大王古墳
それに対応する皇后と大巫の古墳
佐紀・馬見ともにサイズ小
垂仁11の皇后 狭穂媛 若死
大巫は棺なし道具だけ

	ステージ４ ステージ１の前方部　整備			ステージ５	ステージ６	22清寧天皇以降
場所	河内和泉	ステージ３と同じ		河内和泉	河内・大和	歴史書：怪 646 薄葬令 663 白村江で大敗
主	大君	妃	大巫	大王	大王	
活動	倭国をまとめと三韓			21雄略 没489記		
期	4C後～5C後　5・6期					
巨大古墳	古市･百舌古墳群 4基	佐紀古墳群 4基	馬見古墳群 4基	女性 なし	6C後	
ランク	超巨大 2-400mランク	200mランク（仲哀は約180m）		200mランク	335　318m	
陵墓名	14仲哀･15応神 16仁徳･17履中 讃	左の后	左の大巫	18反正・19允恭 21雄略		
古墳名	仲津山古墳 誉田御廟山古墳 上石津ﾐｻﾝｻﾞｲ古墳 大仙古墳			土師ニサンザイ古 市野山古墳 岡ミサンザイ古墳	河内大塚古墳 見瀬丸山古墳	

大和朝廷のアイデンティティは前方後円墳であり、ステージ2以降だ。奈良盆地の「佐紀古墳群」８基と「馬見古墳群」６基では女性の巨大古墳が決まった。大王と后と大巫がセットになり、即ち**ファミリー**毎が「**朝**」となって時代が進んだと思う。「**朝**」とは「第○朝」の「朝」だ。

ステージ4を見ると4基ずつの３セットがある。ステージ２・３を見ると「佐紀古墳群」の４基と「馬見古墳群」の２基が残る。大和朝廷の流れに何があったのか。実は、更なる発見が・・・。

これでは本文が終わらないので後章の続きとする（２０１６・６）。

実はステージ２・３は合体され大きく変わった。筆者の記録としてスタディ時を残しておく。

注：馬見古墳群の初期の３基の時期は、橿考研附属博物館編『馬見丘陵の古墳』（河合町発行）による。

7　被葬者推定

巨大古墳の被葬者が導き出されていく。

「10期」とは、考古学的に古墳の期間を10に分けたもので、「1期」は箸墓、「2期」は西殿塚古墳だ。「期」が違うのは「前期」は大王墓が大和にあり「中期」は大王墓が河内和泉に造られたからだ。「後期」は巨大古墳が終わる時代で本書では詳しく扱わない。そのため、全体を理解しやすいよう大王より后を先に書くことにした。

A　妃（皇后）の被葬者　佐紀古墳群

大王たちと大巫の古墳には関連がある。ところが佐紀古墳群は北向きばかりなので群内の配置関連がない。ということは、この巨大古墳はすべて后の陵墓だろう。「古墳リスト」を見ると、佐紀古墳群では「前

后　佐紀古墳群　8基+１基　大君時代（大和４+若死　河内・和泉４）

10期	位置群	築造順			墳長	朝	被葬者（記紀）	
3	A	五社神《ゴサシ》古墳	前期	4C後・5C初	276	1	女王8代 崇神后	台与Ⅶ　マザー　御間城姫　父は大彦命
		佐紀瓢箪山古墳			96	2	垂仁先	狭穂姫　謀殺　父は彦坐王
		佐紀陵山古墳		4C後・5C初	208	2	垂仁后	日葉酢媛命　丹波道主命の娘
4		佐紀石塚山古墳		4C末・5C前	220	3	景行后	八坂入媛命　父は八坂入彦命（崇神の皇子）
	B	宝来山古墳		5C初	226	4	成務后	吉備郎姫　×垂仁天皇 11
5	C	市庭古墳	中期	5C前	径105 (253)	5	仲哀后	神功皇后 母は天日矛裔・葛城高額媛
	D	ウワナベ古墳		5C中	265	6	応神后	仲姫命 母は金田屋野姫命
6		ヒシャゲ古墳		5C後 (5C前)	218	7	仁徳后	磐之媛　葛城襲津彦の娘
(5)		コナベ古墳		5C後 (5C前)	204	8	履中后	黒媛 葛城葦田宿禰の娘

10期：筆者　（ ）は考古学者　　マザーとは第一朝廷「崇神后」かつ Last女王

期」には「３～４期」で４基があり、「中期」には「５～６期」で、これも４基があった。これに墳長96ｍの佐紀瓢箪山古墳を追加した。瓢箪山古墳の遺物には女性的なものがあり、また位置やサイズも特別で「狭穂姫」の歴史そのものに合う。佐紀丘陵は「后の谷」と見て間違いなさそうだ。

さて、お待ちかね。これをルーツとし位置・築造順・古墳名、さらに推定被葬者を並べた。築造順は「古墳配置」により分かり、被葬者は「記紀」が優先だ。考古学的には古墳の埴輪等の型から時代の流れも分かっているが、次の「古墳配置」が優先だ。古墳は動かない。

ところで、市庭古墳とコナベ古墳はともに「５Ｃ前」「期区分」「５」で同じなので、後には分かったが築造順即ち被葬者を決めようがない。

また、市庭古墳（Ｈ13ｍ）は地図で見ると隣のコナベ古墳（Ｈ20ｍ）より小さく低い。考古学のデータは実にあやしい。

ということで、順は確定とは言いにくいが一定の成果があったと思う。だが以降、調査が進み変更があった場合、リストは修正してある。第３章の「南麓山群」参照。

そして現在のリストでは、被葬者名は確定。永劫、被葬者は変わらない。

Ｂ　大巫の被葬者　　馬見古墳群

前項の「佐紀古墳群」は前期に４基、中期に４基が造られた。この時、馬見古墳群も分散しながら中央西部に造られたはずだ。ところが、馬見古墳群の場合、考古学リストを見ると墳丘長が２００ｍの巨大古墳が４基あるが築造時期は学者により違っており数も築造順も実にあやしい。

　そこで古墳リストの馬見群部分と追加墳リストの５基を馬見古墳群として合体した。それを整理したのが次の表だ。すると驚くことに佐紀古墳群と同じ「８基＋１基」だった。まさに巨大古墳の流れが見えてきた。エライコッチャ。

　一方、考古学も進んだ。島の山古墳は遺物が女性司祭者の物らしかったり、近隣の神社名に「ヒメ」が付いたり女性の古墳だ。新山古墳、宝塚古墳でも鏡だらけ・・、ということは馬見古墳群全体が「巫女の谷」と考えられよう。地図的にも両古墳群は同数であり、まさに大巫女の陵墓だと確信した。

大巫　馬見古墳群

(100m以上で) 上記と同じ

10期	位置群	築造順（筆者　括弧は考古学者）			墳長	朝	被葬者	備考	
–	A	新山古墳 前方後方墳		前期中	137	1	女王の遺物庫	サイズ追加	直弧文鏡 34面の銅鏡が出土
3	B	佐味田宝塚古墳		前期後	111	2	狭穂媛巫遺物庫	サイズ追加	家屋文鏡（4建物） 銅鏡は36面　巫の鏡
–		佐味田貝吹山古墳	前期	前期後	185？(100)	2	垂仁巫		現地確認
(6) 4	C	新木山古墳		中期前	200	3	景行巫		
		築山古墳 (中期)		前期末–中初	208	4	成務巫		鏡・小刃
– 5	D	倉塚古墳		中期前	180 径106	5	仲哀巫	サイズ追加	
–		巣山古墳	中期	中期初	204	6	応神巫		
– 6	E	島の山古墳 (前期)		前期末–中初	200〜	7	仁徳巫	橿考研	
–		川合大塚山古墳		中期後	215	8	履中巫	リスト漏れ	

10期・期：筆者　　（ ）・– は考古学者、またはデータなし

古墳リストでは宮内庁の治定陵墓名が空白だったり、この時代の古墳を後年の天皇陵墓名に付けたりしている。分からなかったはずだ。「記紀」が大巫女の存在を消したからだ。ということは馬見群は大巫女の陵墓たちと考えてもよさそうだ。また、佐紀古墳群では、確認できたのは瓢箪山古墳の女性遺物「琴柱《ことじ》」だけだが、同様、妃の陵たちだと決めてもよさそうだ。大和朝廷の「２つの谷」が同族の陵墓と決めてもよさそうだ。予想の通りだが佐紀群と馬見群の巨大古墳数が一致した。**Wao、感動！　すごいぞ。**

「谷」の種類が分かったのは、治定にならずに済んだことによる。治定にならずに済んだことで我々も遺物を見ることができた。

朝廷の巨大古墳は、適当な築造順や勝手な場所に造られることはなく意味のあるルールで築造された。例えば「古墳配置Ⅰ」「古墳配置Ⅱ」では目の前に見える事実が並んだ。このリストでも直さざるを得なかった。よって、築造順は考古学の「期」を参照していたが当然、事実の順に直すことになった。被葬者の名は呪術的に消したのか、『古事記』では卑弥呼の名を消したように大巫の名も消されたのか、どちらかだろう。だが、事実は巨大古墳として残されている。

整理するうちに新山古墳は前方後方墳でなければならなかった理由が分かったり、狭穂姫ファミリーでは古墳の石棺がない理由を見つけたり（佐味田宝塚古墳）、不明だとされていた古墳の本体を見つけたり（佐味田貝吹山古墳）と、古代とは実に面白い。

C　プレ大王の被葬者

その前に歴史を確認する。

２４７年　『魏志倭人伝』　卑弥呼没

２６６年　倭の女王の使者が洛陽にて朝貢、この女王は台与と思われる。

３１８年　崇神天皇①　没

奈良盆地の巨大古墳（２００m以上）は21基ある。そのうち分かっているのは佐紀古墳群の后で８基、馬見古墳群の大巫で５基、そして室宮山古墳が首長、見瀬丸山古墳は10期だ。合計で15基となる。即ち、６基が残る。大倭古墳集団でも６基で、終末期には水周濠もあるので、これが大王の陵墓群だとしても間違いなかろう。

一方、神武天皇から９代開化天皇までを外すと、実際の大王は「記紀」の名前を使えば大和盆地の陵墓は崇神天皇①～成務天皇④の４基となる。残りは６基引く４基、６引く４、即ち２基だ。

２基が残ったのがプレ大王だ。ＡＤ３１８年以降の大王を外すと残りが超初期、即ち「期１～２」に当たる古墳だ。即ち、巨大古墳リストのナンバー１、２は「箸墓古墳」、「西殿塚古墳」で大和朝廷以前の古墳だ。

日本の歴史の中で大和朝廷の大王達より早かった２基の巨大古墳は、卑弥呼と台与しか考えられない。

「箸墓古墳」

まず、『魏志倭人伝』の記述や卑弥呼の塚が造られた頃の様子を見よう。中国の歴史学者の研究によれば卑弥呼が没したのは２４７年に当たるそうだ。前方後円墳型の陪塚はない。突然の如く、箸墓古墳は巨大な古墳として築造された。まさに最初期で単独で築造された「大きな塚」なのだ。詳しくは後述。

「西殿塚古墳」

次は台与のための古墳で西殿塚古墳だが同様、「大きな塚」であり後述とする。

ここではゾーンを見たい。大和《おおやまと》古墳群（萱生《かよう》古墳群）には24基もの古墳が群となって集まっている（口絵参照）。古墳だらけ。スゴイでしょう！　ここでも「群」であり、プレ王家の谷と考えてよかろう。５基の前方後方墳がある。これらは前方後円墳前の形態で台与の継承者、即ち女王たちの古墳だろうと思われる。プレ朝廷の古墳形態だ。一方、更に多くの「前方後円墳」もある。こちらは大和朝廷の形態であり3期以降、即ち大和朝廷時代のものだろう。５基の前方後方墳とは女王の５朝時代が進み、即ち大巫の制度が固まってきたと推測する（第3章「女王時代」参照）。

D　大君の被葬者　　大倭古墳集団

大王

大王の時代、大和朝廷を見よう。大倭古墳集団の４基が初代以降の大王の陵墓で、３～４期はメスリ山古墳、桜井茶臼山古墳、行燈山古墳、渋谷向山古墳だ。即ち、崇神①・垂仁②・景行③・成務④となる。

この同時代が４朝で、即ち古墳的には３・４期になり、皇后４基と大巫４基が造られた。その続きは５・６期で、「妃・大巫」はともに４朝の巨大古墳は奈良に続けられた。即ち「大君・妃・大巫」は、それぞれセットになって時代が進んだ。だが、大王墳は河内和泉に変わった。７期以降の巨大古墳は河内和泉だけになり、佐紀古墳群と馬見古墳群では「妃と大巫」がなくなった。詳しくは後述。

プレ大王・大王　大倭古墳集団

10期	築造順（筆者　括弧は考古学者）			墳長	朝	被葬者		
1	箸墓古墳	前期	3C中・後	276	プレ大王	卑弥呼 没247	纒向古墳群	当初 円墳 径100余歩 ॥ 箸墓後円墳部分 ？ 大王 前方を美形整備　桜井市
2	西殿塚古墳		4C初	234		台与	大和古墳群（萱生）	天理市 5Cに和風好きに「前方後円墳」
3	メスリ山古墳	大倭古墳集団	4C前	230 (250)	朝 1	崇神天皇① 318没記	鳥見山古墳群	巨大埴輪列　陪墳群なし　桜井市 9種類 少なくとも13面の鏡 鉄刀・鉄剣・銅鏃などの武器類 碧玉製の腕飾類、玉杖
(2)	桜井茶臼山古墳		4C前	208	2	垂仁天皇②		桜井市
4	行燈山古墳		4C中	242	3	景行天皇③	柳本古墳群	天理市
	渋谷向山古墳		4C後	302	4	成務天皇④		355没記

政治制度が変わり「大君」が「大王」となったと思われる。ここで見直すと大倭古墳集団の6基のうちの2基が卑弥呼没後から大和朝廷前の陵墓だ。即ち、1期・箸墓古墳が卑弥呼の墓で、2期・西殿塚古墳が台与の墓と考えられる。**奈良盆地では巨大古墳の数はもうない**。メスリ山古墳、桜井茶臼山古墳を大王の墓としないことはできない。

この章を終わってみると

「**佐紀**」、「さき」とは古代の人が話す地名であった。何の意味か、誰も分からない。この節でも論的に書いてきた。だが、分かった。**佐紀古墳群**とは「**后**《きさき》」の古墳群即ち「皇后」の陵墓の地域だった。

『**万葉集**』1887「春日なる御笠の山に月も出でぬかも佐紀山に咲ける桜の花の見ゆべく」

万葉の頃には、地名がキサキのこととは誰も思わなかったのかもしれない。現在「佐紀丘陵」、「佐紀古墳群」と呼ばれるが、現代人も誰も**妃の地域**だと分からない。「佐紀丘陵」の「サキ」とは文字が発音記号として残った言葉だ。古墳群を造った人々は「キサキ」「妃」「后」の丘と呼んだ。この時代、「皇后」は中国語の言葉を使っていない。即ち日本人が倭語で政治をしていたことを証明している。

また、『古事記』も我々も「妃」を忘れたまま、「沙紀の多他那美」(古事記)、「狭城の盾列の陵」(日本書紀)とか「佐紀丘陵」と使っている。考古学者も「佐紀古墳群」と読んでいる。万葉仮名は今でも生きている。やったねえ。

筆者が「佐紀丘陵」の意味が分かったのは2016・5時点でした。

同様、「**馬見古墳群**《まみ》」の「馬見」とは「うまみ」、即ち「旨味古墳群《うまみ》」、美味いの地域だった。こちらも「馬見丘陵」、「マミ丘陵」。「馬」は「マ」であり「ウマい」だ。ウマイ、「美味い」だ。現代でも家を建てる時、地鎮祭で神主さんが「うまし地に・・」と祝詞をあげる。「うまい」とはどうも呪術的に良いことの意味のようだ。遺物を見ても馬見古墳群とは大巫のゾーンでよかろう。

ところが、現在の地名では「馬見丘陵」とか「馬見公園」としている。役所が変えてしまった。『大和馬見町史』（１９５５）には「**真美ケ丘**」とあった。ということは、昔は「馬見丘陵《まみ》」だった。調べると万葉仮名リストには「馬」がない。落としてる。

年をこえて「**鳥見山古墳群**」に気付いた。ともに、馬と鳥に「見」がつながる。倭の発音では「鳥」は「ト」だろう。桜井市ではきっちりと「とみ山」としている。鳥見山は「殿《との》」の山ではないか。即ち「大王」の山のことだ。古代人はメスリ山古墳と茶臼山古墳を「殿」の古墳、即ち大王の陵墓「殿の墓」と話していたのではなかろうか。

万葉仮名は文字を発音記号として残してくれた。「后」の「キ」を飛ばして佐紀丘陵、「馬」の「ウ」を飛ばして「馬見丘陵」だ。「鳥」の「リ」を飛ばして「鳥見山」だ。多分、これらの言葉は大和朝廷からの倭語と思われる。

メスリ山古墳と桜井茶臼山古墳を大王の墓としないことはできない。こうなると、何のことか分からなかった「メスリ」とは何か、それが分かってきそうだ。「メスリ」、「スメ

リ」、「スメラ」、「スメラギ」、「皇《スメラ》」ではないか。よって、メスリ山古墳が天皇陵に違いなかろう。同様、「西殿塚古墳」の「殿」も倭語なのだ。

「鳥」を見ると唐古・鍵遺跡の楼閣には鳥マークがおり、家屋文鏡の王の屋根のみに鳥がいない。「飛ぶ」の「と」の意味で「殿」、即ち王の意味だったと思われる。

貝吹山古墳もほったらかしだし、どうも役所はいい加減だ。ウマミもヤマタイも同じ間違いだ。万葉仮名リストには「馬ウ」はなく「馬マ」はある。「記紀」でも同様だ。「馬見《まみ》丘陵」が正しい。

7期以降の皇陵墓

陵墓が奈良から河内和泉に変わった。一方、后と大巫の巨大古墳は終了となった。河内和泉の巨大古墳たちの流れを進めるが、ステージが変わるので次章とする。「古墳配置」では、これも大発見がある。おたのしみに。

7期では大巫が祭祀を動かす人ではなくなった。8期・9期の巨大古墳も同じだ。后と大巫の巨大古墳は終了済。地図だけでは語れないので本章はおしまい。

第2章　王朝の古墳群

1　大倭《おおやまと》古墳集団　プレ大王・大王

この章では、大雑把ではあるが王家の古墳群を群別に見ていこう。古墳同士の関連が面白くなって、大倭古墳集団を放って置いてしまっていた。日本の巨大古墳も新しく見つかるはずもないので、奈良盆地の巨大古墳は、后と大巫と、この論では扱わない時代と大王族以外を外すと、大倭古墳集団だけになる。ということは残りはプレ大王か大王となる。

「大倭古墳集団」

次頁図を見よう。○数字は古墳番号（①～⑥）で、1ゾーン（①～②）はヤマト連合時で、2ゾーン（③～⑥）は大和朝廷時だ。この地図では大型前方後円墳が6基ある。②～④には池や水濠はなく、⑤と⑥には水周濠があり、以降、大和朝廷のシンボルとなった。

考古学と『魏志倭人伝』を見ると卑弥呼没以前には巨大古墳はない。21世紀になって今更「大きな塚」が見つかることはなかろう。日本中の巨大古墳があれば最初は必ず卑弥呼だ。「プレ大王」が卑弥呼と台与、即ち女王で、その古墳は箸墓古墳①と西殿塚古墳②だ。

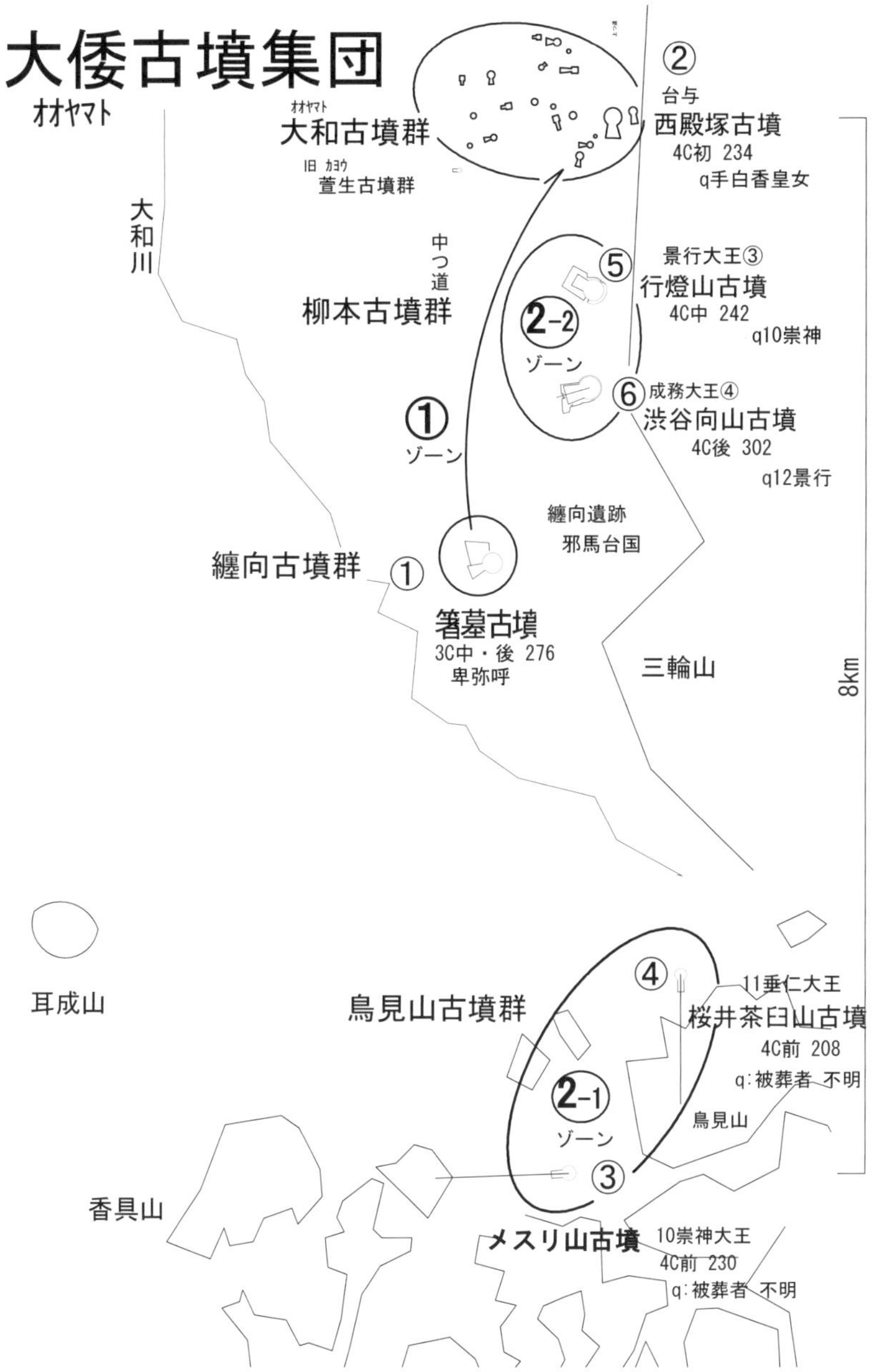
大倭古墳集団
オオヤマト
大和《オオヤマト》古墳群
旧 萱生《カヨウ》古墳群
②
台与
西殿塚古墳
4C初 234
q手白香皇女
大和川
中つ道
柳本古墳群
⑤
景行大王③
行燈山古墳
4C中 242
q10崇神
2-2
ゾーン
⑥
成務大王④
渋谷向山古墳
4C後 302
q12景行
①
ゾーン
纏向遺跡
邪馬台国
纏向古墳群
①
箸墓古墳
3C中・後 276
卑弥呼
三輪山
8km
耳成山
鳥見山古墳群
④
11垂仁大王
桜井茶臼山古墳
4C前 208
q:被葬者 不明
2-1
ゾーン
鳥見山
③
香具山
メスリ山古墳
10崇神大王
4C前 230
q:被葬者 不明

卑弥呼は247年没で、初代天皇崇神は318年没とされている。この70年間がプレ大王の活躍期間だ。ややこしいが、「**大和古墳群**《おおやまと》」は「**大倭古墳集団**《おおやまと》」の一部でプレ大王群本体だ。西殿塚古墳が盟主であり、まわりの古墳群は「女王」やその「親」のものだ。箸墓古墳と同様の吉備様式の特殊器台が後円部に並び、埴輪や墳丘の形態等からも箸墓古墳に続いた時期だ。

「大倭古墳集団」ゾーン　大和朝廷のドーン

次頁図、南ゾーンには大型前方後円墳が2基あり（③、④）、後方部を真東と真北に向けている（実は間違い、筆者当時）。これらは山の裾でプリミティブな形をしており、山麓には水周濠がない。大倭古墳集団全体では少し南に外れており「鳥見《とみ》山古墳群」と呼ばれる。宮内庁の治定では天皇陵ではなく、国の史跡に指定されている。が、間違いだ。

一方、前期の大王は4人、即ち崇神、垂仁、景行、成務となり、古墳は「メスリ山古墳」「桜井茶臼山古墳」「行燈山古墳」「渋谷向山古墳」となる。一般的に築造順は「茶臼山」「メスリ山」とされているがこれも違っている。後述。

国の史跡に指定された「メスリ山古墳」「桜井茶臼山古墳」は「記紀」や『延喜式』などに陵墓として伝承されていない。というより、歴史に消されたのかもしれない。天皇を神とするため「アマテラス」を生かし、逆に「卑弥呼」を消さねばならなかった。『魏志倭人伝』の邪馬台国は奈良盆地で狗奴国は南と書かれていた。それほど遠くない場所と思われ、台与がいたのだから平和になり狗奴国もヤマト連合に入ったのだ。

　卑弥呼が亡くなり70年が進み、やがて大和朝廷となるが女王に加え大王も集まったと考えるのが分かりやすい。即ち狗奴首長がヤマト連合から大和朝廷の王になったと思われ、亡くなった時、古墳が造られた。

　多分、狗奴には古墳の制度がなかったようだが大和朝廷が出来、初めて大王の陵墓が造られた。この時、出身国に近い場所に造られるのが普通だろう。鳥見山付近に続けて「メスリ山古墳」「桜井茶臼山古墳」が築造された。倭国も諸国も賛同し、初期大王が「崇神①」と「垂仁②」になり、巨大古墳が造られたと思われる。このとき、垂仁②と佐紀陵山古墳②はともに墳丘長２０８ｍと同値だ。ちなみに、崇神①は墳丘長２２４ｍで、五社神古墳①は２７６ｍと各古墳群では最古かつ最大だ。即ち、茶臼山古墳と陵山古墳は第２朝・同ファミリーだったのだ。

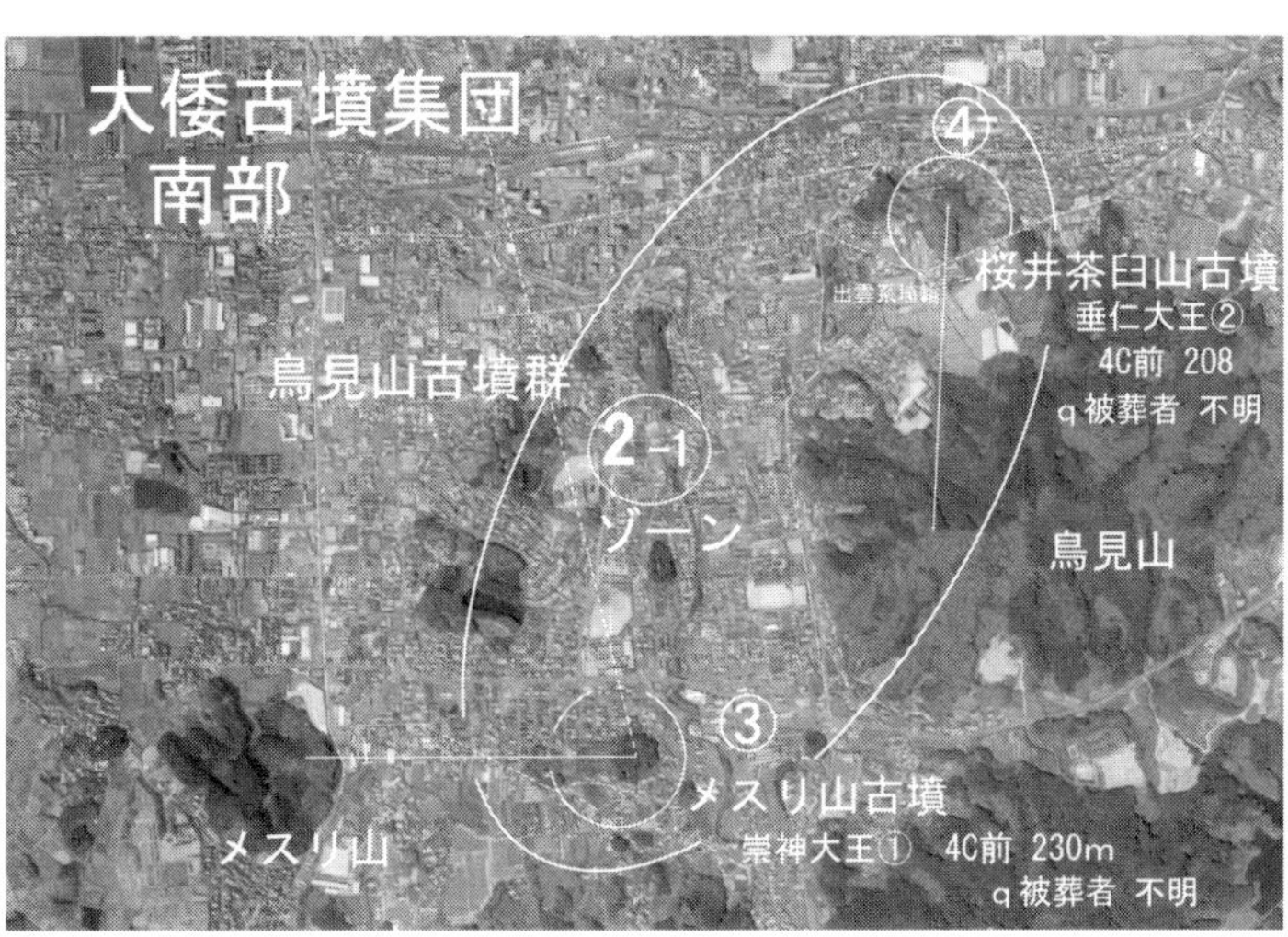

　橿考研の超巨大な埴輪を見れば普通ではない。このようなメスリ山古墳の祭祀施設や茶臼山の方形壇は大和朝廷の初代大王の死を祀った場所だろう（当時で筆者の間違い、即位

墳が正しい。後述)。築造順は考古学では茶臼山古墳が古いとしているが、筆者には遺物は普通で2代の王の陵墓だと思われる。

また、「景行③」「成務④」も大倭古墳集団であり、このまま狗奴系の大王だと思う。

大倭古墳集団の行燈山古墳ではデザインも前方部・ヘッドアップ・水濠等が大和朝廷式の古墳型が揃った。倭国では「ヤマト体制」もすっかり安定したことが分かる。大倭古墳集団の初期ステージでは、プレ大王の2基と大王墳の4基が終わった。

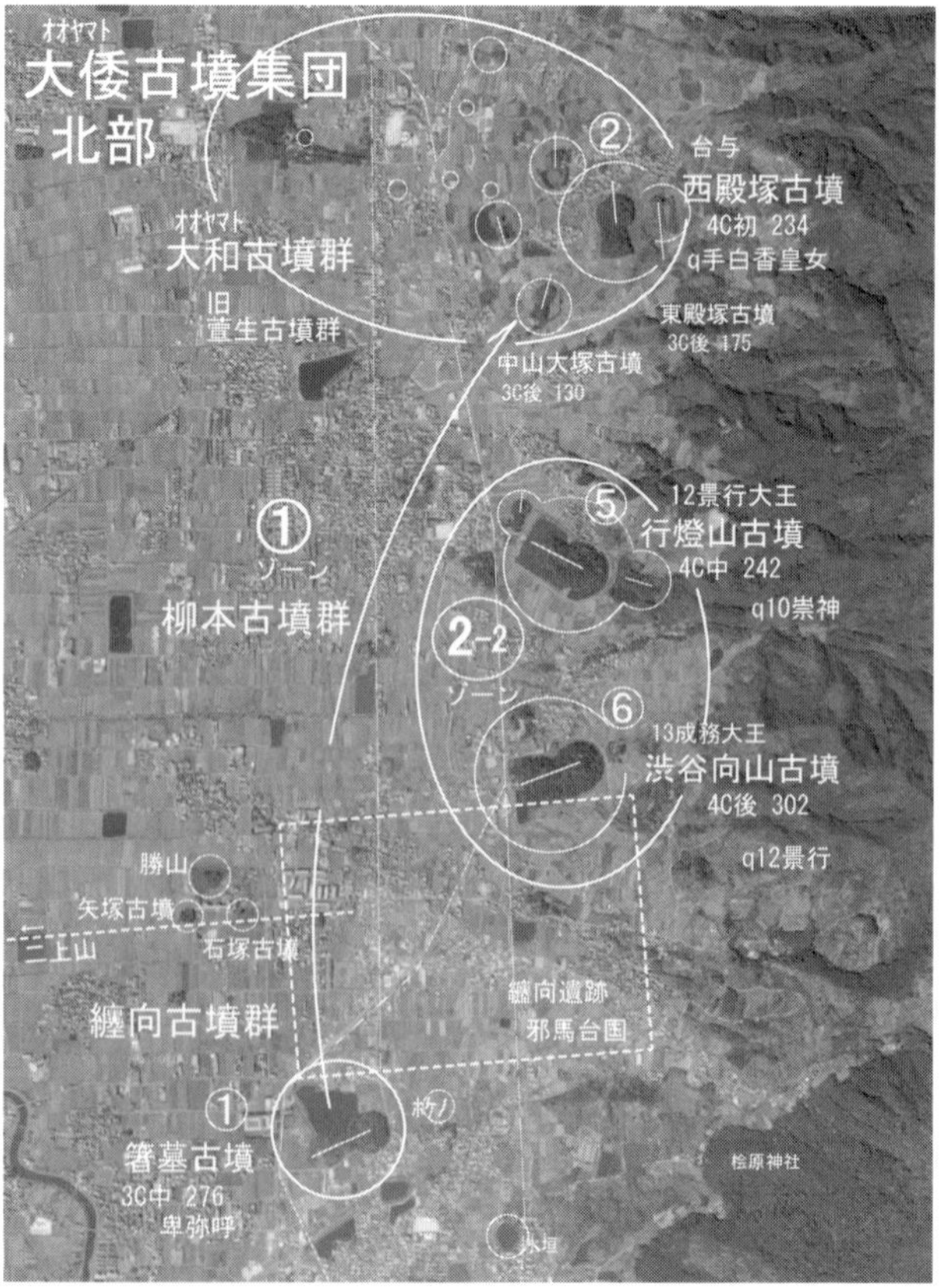

注:図中「q」のマークは「治定陵墓名」(宮内庁)の意味(メチャクチャ)。現地用に残した。

２　佐紀古墳群　后

奈良盆地の北中央部に佐紀古墳群がある。このゾーン（航空写真・次頁）は実に美しい。外国ではそうはいかない。佐紀古墳群のエリアだ。全て２００ｍ以上の巨大古墳が８基、全て前方後円墳、かつ後円部北向きだ。特別な古墳地域だと誰でも思う。

奈良盆地の北中央

巨大古墳が順次築造され集まっている。全て前方後円墳であり、かつ後円部が北向きだ。ちなみに次頁、図の左上五社神古墳①が２７６ｍで佐紀古墳群の最初のものだ。番号は研究時に変化したが、築造順に並べ、朝廷代・ファミリー代の数も合わせている。また、佐紀群西端の「佐紀高塚古墳（称徳天皇陵）」は東向のため、１２７ｍと大きいが后陵から外した。

「五社神古墳」①

佐紀の冒頭は「五社神古墳」だ。五社神古墳の主軸の延長線はメスリ山古墳と当たった。築造順リストでは五社神は佐紀古墳群の第一築造で即、第一皇后だ。大倭古墳集団のメスリ山が第一築造即、第一大王で間違いなかろう。夫婦だ。後述。

また、さらにビッグな発見があった。ウヘウへ、重要なので後章にする。

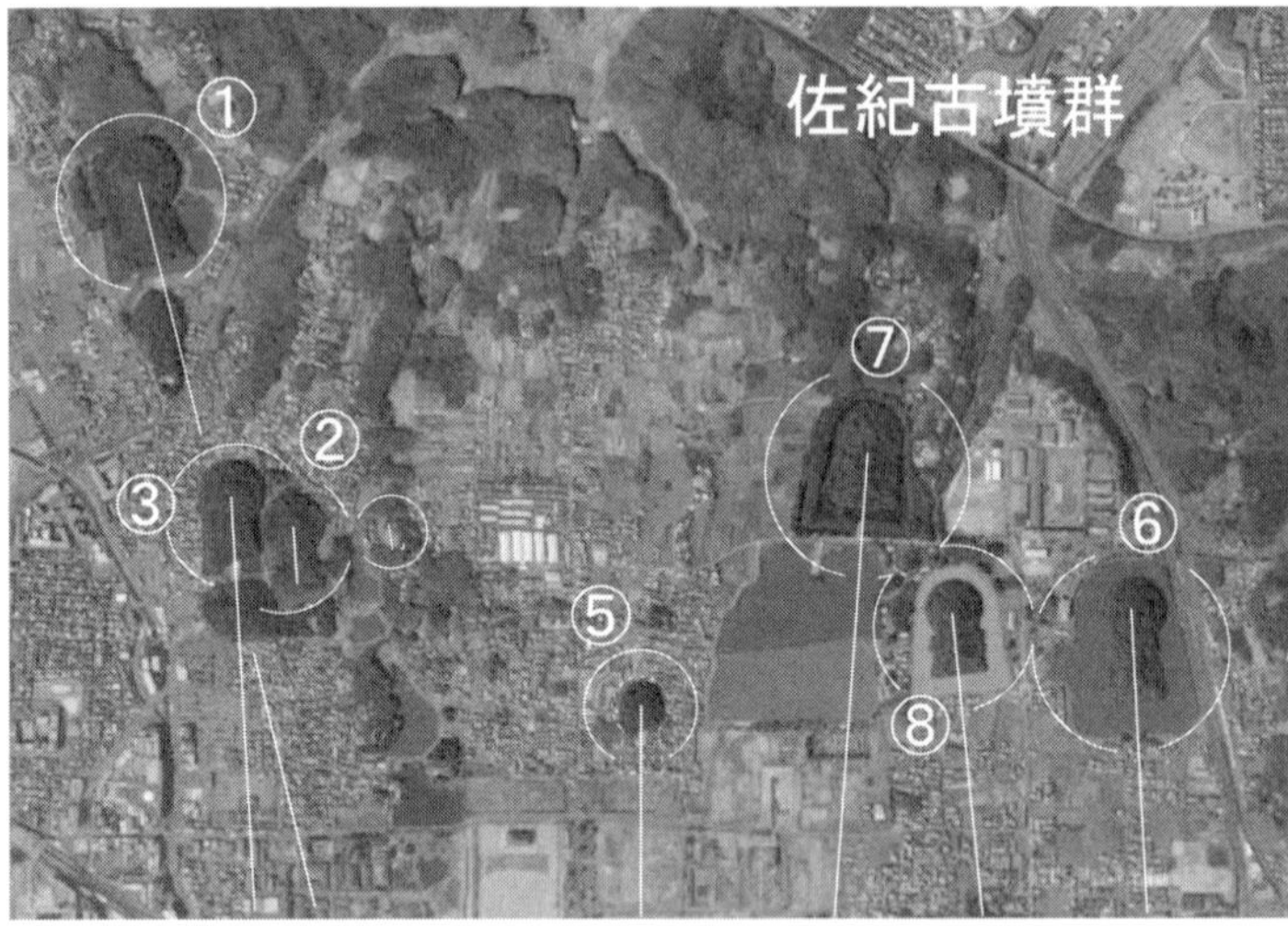

「瓢箪山古墳」　②の東

墳長96ｍはサイズは小さいが、初期的な前方後円墳であり後円部北向きなのでヤマト体制（後述）のものと思われる。垂仁②の先妃「狭穂姫」は、謀略で若死した姫の古墳と考えられ、垂仁妃「日葉酢媛」②の陵墓「**佐紀陵山古墳**」②が仲良く並んでいる。よって、ヤマト王権の皇后の古墳は小1基が増えて9基となった。

次、そばに景行妃「八坂入媛」③の陵「**佐紀石塚山古墳**」③は仲良くぎりぎり並んでいる。

「宝来山古墳」④

口絵を開き「古代の幾何学」を見よう。ブルーラインだ。佐紀中央群から少し南西に外れる。この場合、関連のスケールが全く違う。宝来山古墳に当たった。ピンポン、大当りだ。

築造リストで佐紀古墳群の④と大倭古墳集団の④とは成務ファミリー④の夫婦だ。配置を確認すると、「渋谷向山古墳」④は大王墳であり佐紀群の宝来山古墳は后墳なのだ。ここで「成務の陵墓」④、即ち「渋谷向山古墳」の主軸を見ると「築山古墳」を向いている。ということは「大王の陵墓」と「その妃の陵墓」と「その大巫女の陵墓」の築造時で、ほぼ同じ時期に築造された。大君権が安定し始めたものと思われる。

余分だが、成務天皇は極端に記述が少なく史実性に疑いが持たれている。「姓《かばね》」を開始したのに少ないはずはなく、「記紀」がメスリ山古墳を消すのと同様、編集で消されたことによると思う。『古事記』の文脈がつながらないのは、きっと藤原不比等本人が部分を消したからだろう。

「市庭古墳」⑤　次頁　図中央

宝来山古墳④から少し離れ、群中央に戻った「市庭古墳」⑤が仲哀后⑤の陵と考えられる（後述）。考古学では「市庭古墳」墳長２５７m、径１４７mをデータとしているが、航空図ではほるかに小さい。多分、周濠の外サイズを測ったものだろう。発掘調査で平城宮建設の際に削平されたとなっているが、データはどう見てもあやしい。市販本の挿入図でも、でっかく書かれている。そこで奈良市の「都市計画図」を買ってきた。「都市計画図」といっても計画ではない。1/2500 の地図だ。

サイズはプロポーション的に全くありえず、図上だが筆者の測定では径１０５mで墳高も13mとあまりに低い。平城京の工事だとされているが天皇陵墓の後円部を壊すことはないだろう。小さく造り直したとすれば、それこそ大工事だ。

ところで、馬見古墳群の「倉塚古墳」⑤は後円部径１０６m、墳丘長１８０mであり、

佐紀古墳群-妃

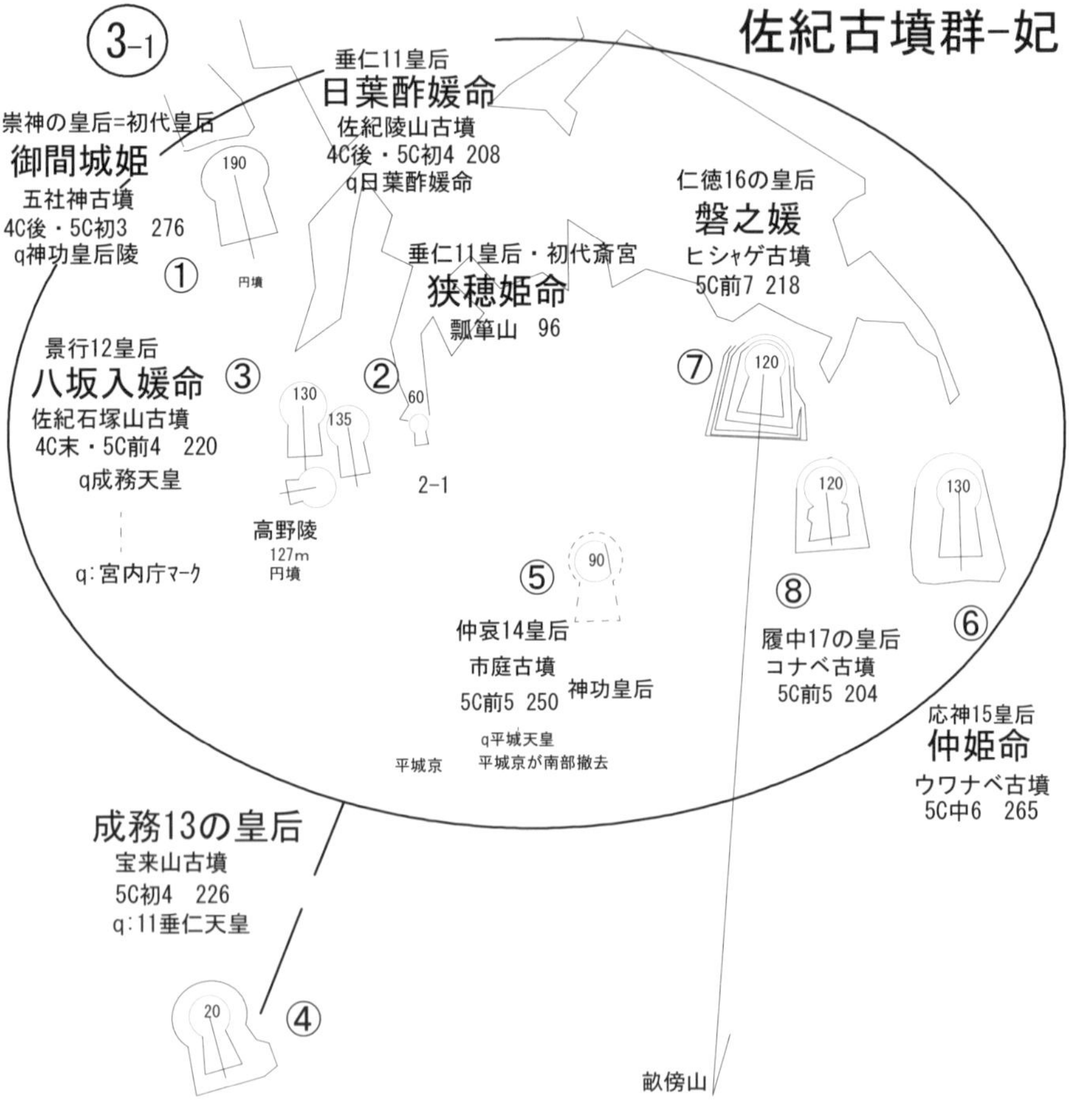

3-1
崇神の皇后=初代皇后
御間城姫
五社神古墳
4C後・5C初3 276
q神功皇后陵
190
円墳
①
垂仁11皇后
日葉酢媛命
佐紀陵山古墳
4C後・5C初4 208
q日葉酢媛命
垂仁11皇后・初代斎宮
狭穂姫命
瓢箪山 96
仁徳16の皇后
磐之媛
ヒシャゲ古墳
5C前7 218
景行12皇后
八坂入媛命
佐紀石塚山古墳
4C末・5C前4 220
q成務天皇
q:宮内庁マーク
③
130
135
高野陵
127m
円墳
②
60
2-1
⑦
120
120
130
⑤
90
仲哀14皇后
市庭古墳
5C前5 250
神功皇后
q平城天皇
平城京が南部撤去
平城京
⑧
履中17の皇后
コナベ古墳
5C前5 204
⑥
応神15皇后
仲姫命
ウワナベ古墳
5C中6 265
成務13の皇后
宝来山古墳
5C初4 226
q:11垂仁天皇
20
④
畝傍山

「市庭古墳」⑤もほぼ同じだ。共に仲哀ファミリー⑤として同じ設計で工事したと思われる。少なくとも近い時期で同じ考えだったと思う。

ということで、古墳配置に記した「仲哀」→「応神」の古墳サイズの変化も正しいと思われる。

よって、仲哀后⑤の陵墓は小さく、「神功皇后」としてのビッグな物語はありえなさそうだ。

「ウワナベ古墳」⑥、**「ヒシャゲ古墳」**⑦、**「コナベ古墳」**⑧

この後、時期が同格だがこの３基がある。近くに続くので、こちらも連続ファミリーだろう。古墳群の中の古墳群だ。一方、佐紀古墳群でも向きが変わったようだ。ヒシャゲ古墳をよく見ると、ここでは畝傍山に向かっている。意味はよく分からぬが、呪術的に山向きが必要だったのだろう。

3　馬見古墳群　　大巫

奈良盆地の中央西部

馬見古墳群はとても広いので図でも見えにくい（次頁）。楕円の南北が約７㎞もある。奈良盆地の中央西部に「大巫」の陵墓が集まったものが「馬見丘陵」だ。「馬見古墳群」

馬見古墳群-大巫

3-2

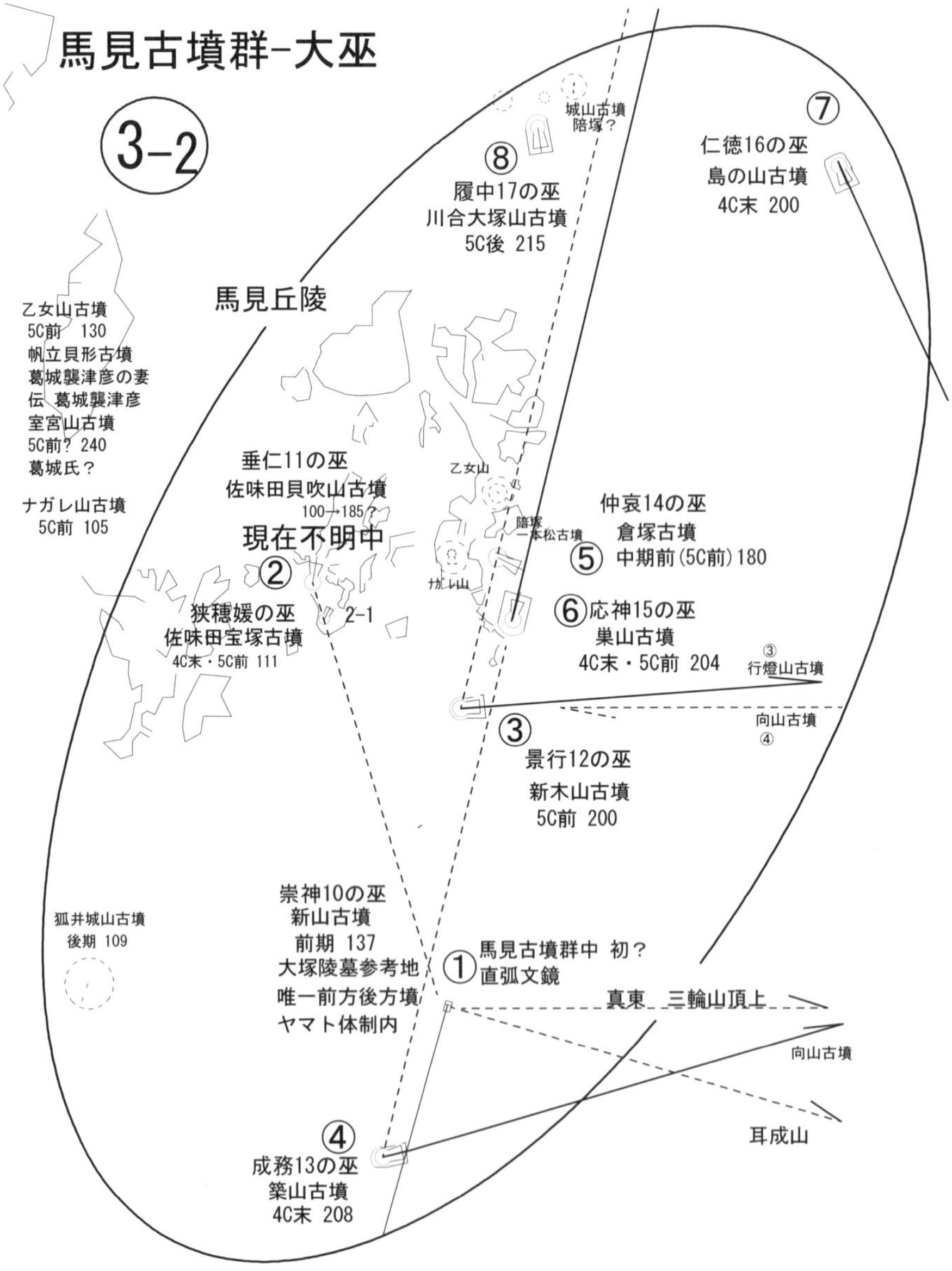

城山古墳
陪塚？
⑦
仁徳16の巫
島の山古墳
4C末 200
⑧
履中17の巫
川合大塚山古墳
5C後 215
馬見丘陵
乙女山古墳
5C前 130
帆立貝形古墳
葛城襲津彦の妻
伝 葛城襲津彦
室宮山古墳
5C前? 240
葛城氏？
ナガレ山古墳
5C前 105
垂仁11の巫
佐味田貝吹山古墳
100→185？
現在不明中
②
乙女山
陪塚
一本松古墳
ナガレ山
仲哀14の巫
倉塚古墳
⑤
中期前(5C前)180
⑥応神15の巫
巣山古墳
4C末・5C前 204
狭穂媛の巫
佐味田宝塚古墳
4C末・5C前 111
2-1
③
行燈山古墳
向山古墳
④
③
景行12の巫
新木山古墳
5C前 200
崇神10の巫
新山古墳
前期 137
大塚陵墓参考地
唯一前方後方墳
ヤマト体制内
狐井城山古墳
後期 109
①
馬見古墳群中 初？
直弧文鏡
真東 三輪山頂上
向山古墳
耳成山
④
成務13の巫
築山古墳
4C末 208

ではヤマト体制の古墳は前方後円墳でかつ大きく、さらに水周濠を持つものも多い。初期を除けばみんな巨大古墳だ。ただし、総じて大王、后のものよりは小さい。初期「１〜２期」は民かまたは継いだ女王が造ったものだと考えられるが、次の「３期」以降がヤマト体制の古墳として造られ、大巫の陵だと思われる。

ヤマト体制の馬見古墳群は計９基で、「佐紀群」と同じだ。まず前期に４基が造られ、次に河内和泉時代に同じ数で４基築造された。ともに初期に当たるし、小サイズが１基あるのも同じだ。

第１章の「古墳配置Ⅰ」を見ると巨大古墳の関連性がラインで結ばれ、ファミリーの関係が分かる。理解しやすいように先に書くと、巨大古墳は前方部の方向に向かって築造したのだ。巨大と言われても、図では小さくてよく見えない。随分苦労したおかげで、今度の図では各々の古墳も見やすくなった。ナンバーに被葬者を付けた。直すことはない。古墳ラインが絡み込んで順を変えることができないのだ。見やすくするのも大変だ。

実は河内和泉時代の関連もあるが、全ラインを書くと見にくくなるので、本図では大和時代の関連ラインのみとした。

「大巫《おおみこ》」

現在の神社にいる「巫女」「巫」「ミコ」とは全く違う。卑弥呼や台与は「記紀」では分かっていたが神話として消された。大巫はその継承者だ。だが、『古事記』の事蹟を一部の歴史学者や考古学者は未だに信じている。仕方がないので大和朝廷時の女王を私が勝手に「大巫《おおみこ》」という新しい言葉をつくった。

多分、現代歴史の中で未だかつて言われることのない「者」で、『魏志倭人伝』に書かれている「鬼道する女王の行動力」から大王力を引いたものだ。ヤマト体制の重大部分のうち社会や政治の方針を、同意をもって行動するのが**大王**の仕事である。一方、大巫の仕事は卑弥呼や台与の継続者、即ち女王の仕事から大王の仕事をとったものだ。卑弥呼は「共立（倭人伝）」即ちヤマト連合の条件にクニグニが安心できるよう、女性で結婚しないミコであることだったと思われる。続きの台与は宗女だった。同様、女王や大巫は子供を作らない女でなければなかった。分かりにくいが、神的に民と倭国全体をまとめ、広域・地域の政権を安定させ連合的・継続的に世を動かせた。祭政一致の社会で、告げる神託は、国や地域の長の意思・権威を作りまとめたのだ。疫病、台風や震災など災害、また人災を収めた。

そして最大の仕事が陵墓だった。長の墳墓だった。子巫《こみこ》も働き日本中の長の墳墓も造られた。全て前方後円墳だ。社会的、経済的に進み民も喜んだ。日本全体が短期間にまとまった。開発力がすごい。まさに、倭の平和と発展はこれによる。ふ～、難しいなあ。

「新山古墳」①

馬見古墳群の最初の古墳で三輪山の西に置かれた。まだヤマト体制の古墳は前方後円墳と決まっていなかったのか。ヤマト体制では全て前方後円墳だが、「新山古墳」は唯一の前方後方墳だ。他の前方後方墳は大和（萱生）古墳群にあり、台与が宗女だったように次の女王は「大巫族」の女性（宗女）が続けたと思われる。「新山古墳」は１３７ｍ。大和古墳群の最大になる前方後方墳は「波多子塚古墳」で１４０ｍと同サイズだ。

筆者の想像だが、ヤマト連合の女王と男王が結婚し大和朝廷が生まれた。この時、ヤマト体制初代の時代に「女王が大巫」に変わった。この時、妃と大巫は同じ人だった。そのため女王の祭祀具を新山古墳に残したのだろう。そのため、新山古墳は祀具庫であり木棺も石棺もないと思う。

「佐味田宝塚古墳」②

馬見群では１００ｍクラスが続いた。ヤマト体制は過渡期だ。佐味田にペアで小さいと言っても大きい。佐紀・馬見ともに初期であり小サイズと同様、ペアも似ておりびっくりそのものだ。狭穂姫事件の結果と思われる。筆者の予想だが、垂仁妃（「狭穂姫」垂仁５年に若死）の大巫が変わり、その道具を宝塚古墳に残した。前章の馬見古墳群の「古墳配置」が分かってきた。第３章の「垂仁体制・狭穂姫」で詳述する。

「島の山古墳」⑦

「島の山古墳」⑦には後円部に石棺があり、前方部頂にも粘土槨がある。はじめ、粘土槨は多分、大和古墳群の円墳と同じで女王の親と考えたが間違いだった。というのは、馬見古墳群の新山古墳及び宝塚古墳の粘土槨は遺品庫だった（後述）。島の山の粘土槨も亡くなった大巫の遺品庫だと思われる。

馬見丘陵に多くの巨大古墳が造られたことを『古事記』は語らない。いや多分、卑弥呼と同じで消したのだ。または書けなかった。今でも馬見古墳群では宮内庁の治定陵墓名は空白だ。これでは仕方がないので筆者が名前を付けた。天皇名を使って「○巫《みこ》」とした。これを使うと図の関係が見やすくなり、王家の全体が見えてきた。

4　大和の地形

奈良盆地は広い。概ね、平野は南北25㎞、東西15㎞ある。大和川の標高は40mから80mで、以前は湖だったため中央が広い平野になっている。周囲は山に囲まれており、この山麓に巨大古墳が向かい、北に佐紀古墳群、西中央に馬見古墳群、東南に大倭古墳集団が向かい合っている。

多くの巨大古墳が関連していたのに誰もが気付かなかった。なぜだ。中央が邪魔にならないため巨大古墳同士が向かい合えた。ということは遠すぎたのだ。そこで、群の古墳の主軸を延ばした。正面に古墳があるじゃないか。と、いうことは正面の古墳を見ながら先の古墳を築造したのだ。遥かに離れているが互いに狼煙《のろし》や鏡で連絡できそうだ。平野から見ると見えにくいが、巨大古墳同士からはよく見えた。

古墳群の最高標高は第1朝

以前、なんとなく奈良盆地の３古墳群や地形を見ていた。すると古墳群のうち最も高い古墳がどれも最も古いことに気付いた。即ち、後から造られた古墳は低い場所に造られたのだ。大和朝廷の第1朝が最初に造られた古墳だと思われる。

佐紀古墳群の五社神古墳と鳥見山古墳群のメスリ山古墳が奈良盆地の南北に向かい合っていた。遥かに離れているが、葺石を葺かれピカピカに光る巨大古墳が向かい合わせだ。よく見えたろう。思うと古代の人々も喜んだろう。

		群の最高墳	古墳墳頂標高P	地盤標高L
北	佐紀古墳群	五社神古墳	121m	84m
西	馬見古墳群	佐味田貝吹山古墳	81m	60m
南	鳥見山古墳群	メスリ山古墳	134m	110m
東	大倭古墳集団	西殿塚古墳	140m	124m

「第1朝」とは大和朝廷の崇神朝のことだ。どの古墳群でも巨大古墳は群内では第1朝の墳より低い。なぜだろう。呪術か?ルールか?思い出した（50頁参照）。メスリの意味は分かったが、五社神は何だろう。

余録だが河内和泉古墳群の第1順は「中津山古墳」でやはり最高地に築造されていた。

5　ヤマト体制

これまで見たことを整理した。即ち「奈良と河内和泉」の巨大古墳が古代の人たちが造った道を追いかけた。そうすると一般的にいう「大和朝廷」ではなかった。「大巫」を知らなかった。実は「皇《すめら》」と「后《きさき》」と「大《おお》巫《みこ》」の3人がセットになって時代が進んだのだ。これを「**ヤマト体制**」ということにした。また、大げさだがその1つ1つを「○○朝」と呼ぶことにした。

本章の最後にまとめた「**朝廷**」(76頁)を見ると一瞬に古代の流れが分かる。上欄が「朝名」で、毎朝に「皇」と「后」と「大巫」の3人がセットで時代が進んだ。崇神朝から雄略朝まで古墳も被葬者も欠けることもなく見ることができた。順の○番は「朝」番号で「被葬者」は「記紀」によった。

古墳群を整理すると、「大王と后と大巫」に関する地域と時代の順も自動的に決まった。各朝廷の古墳、即ち歴史が確認できた。各古墳が自分の古墳群を持ち、各被葬者やその名も分かり、それぞれの順も分かった。不思議なことに4朝毎に社会が動いたように見える。

ピラミッド図で何となく社会が分かる。左から女王から大君、続いて大王時代だ。説明はリストとこの図でご勘弁ください。

社会構造（家屋文鏡による）

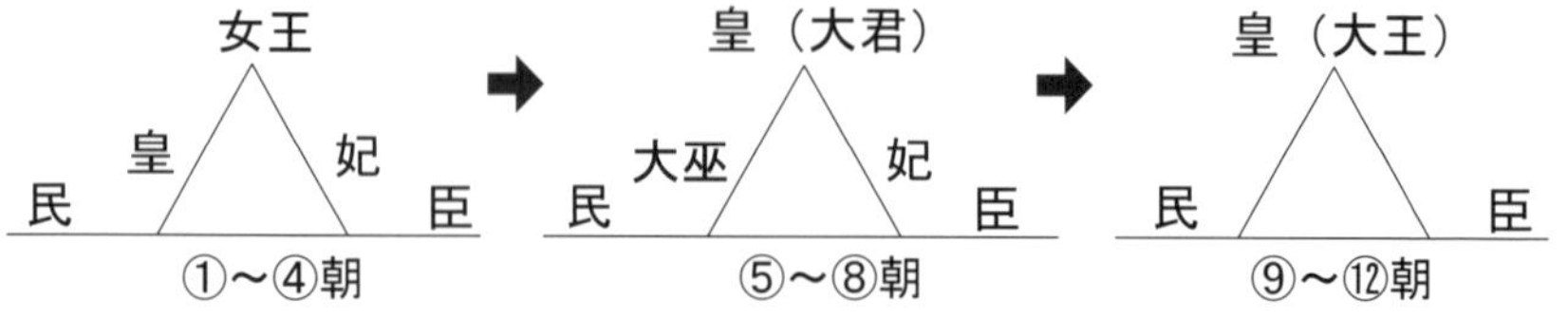

多分、ほとんど正しい。と思う。ほんと、すごいよね。

「朝廷」リストについては後に詳しく書くが、崇神朝①の御間城姫は「妃」であり「大巫」でもあった。「国譲り」の後、女王と男王が結婚し、女王は妃になったため女王時代の祭祀具を「新山古墳」に残した。そのため、前方後円墳としなかった。

次の朝では垂仁朝②で先妃「狭穂姫は兄のため殉死」した。そのため、先妃も先大巫の古墳は小サイズだった。先大巫が替わったので「佐味田宝塚古墳」の遺物として残した。こうして２つの小サイズの前方後円墳が残った。

一方、誉田御廟山古墳（応神天皇）と上石津ミサンザイ古墳（履中天皇）は考古学的には色々と書かれている。正しくは、これらの陵の位置について別記「古墳配置」によるのがよい。「土師ニサンザイ古墳⑨反正皇〜市野山古墳⑫雄略皇」は後年にも使えるように修正してある。

時代（紀元前9世紀〜紀元7世紀頃）

弥生時代、黄河から南下した漢に攻められた長江人（呉・春秋時代）が大陸からボートピープルとなり日本列島にやって来た。普通なら他民族が突き当たると一方が殺される。だが、我が民族は平和が好きなのだ。縄文人は平野を呉人に許し、かわりに耕作技術をもらった。仲良く協力し当然、交雑することで弥生人となった。おかげで日本語の耕作語彙は呉音だ。日本語の主体は倭語のままで文化も進んだ。このため短期間で列島の文明が進み、朝鮮半島へも水田稲作技術を伝えた。ちなみに、漢語彙は奈良時代以降で、こちらもボートピープルと同じだ。

九州から東北まで稲作事業は進み、もう半島にも友好の中、稲作が進んだ。倭の五王の時代、倭も半島も良き時代だった。ヤマト体制の巨大古墳を中心に、日本中に古墳を造っていた。良き時代でなければ古墳など造っているひまはない。ちなみに現在の朝鮮語の3割は倭語系だそうだ。半島にも倭式の古墳が造られた。ということは、半島では「倭の五王」も戦争で取ったのではない。

倭国の中央も落ち着いた時代だった。九州へ仲哀が進めたが没した。そのためモガリをすませ大王は大阪側に、ヤマト体制の后と大巫は奈良側に巨大古墳が造られた。

6　河内和泉古墳群　Ⅱ　皇《スメラ》（大王）　朝廷リスト

河内和泉古墳群

古代人にとっては一つのエリアだった。10㎞も離れている。世界遺産となれるか。以前古市と百舌鳥古墳群と2カ所に分かれていた。だが、古墳時代では一体の地域で古墳同士がつながっていたのだ。世界遺産も名称を変えた方が良さそうだ。現在「百舌鳥・古市古墳群」と書かれているが、並べただけで中身が分かっていない。口絵の関連ラインを見ると築造順、即ち歴史が分かる（後半に詳述、すごいぜ）。

フム、前節をもう一度思い出してほしい。大阪では狭穂姫は関係がないのでとばす。奈良盆地のヤマト体制の古墳数を見ると、佐紀古墳群（后）では、前期で４基、中期で４基となり、一方馬見古墳群（大巫）でも、前期で４基、中期で４基となり、皇后と大巫が同じ数字、８基となった。

さて、河内和泉では巨大古墳数は９基もある。一方、大王も先と同じ８基時があるはずだから、大和の大君（皇《すめら》）の古墳数は前期で４基、河内和泉に中期の４基が出来た。佐紀と馬見と大王の古墳数は初代から８代、即ちどれもが８基ずつとなった。

河内和泉の９基のうち、大和川沿いの「津堂城山古墳」は大和時代で、臣《おみ》のものであり王家ではなかった。残った８基が河内和泉の「王家の平野」となり、その中で早い４基が朝廷ファミリーとなった。これにより初期の朝廷時代が確定した。

これまでが中期であり、残った４基が後期だ。即ち前期から中期の間に、奈良と大阪を合わせて大王、皇后、大巫が揃い、後期では大阪に４基の大王古墳のみが残った。

整理

河内和泉古墳群の巨大古墳の築造順が見えてきた。この時代は倭国では全国の政事をまとめ終わらせ、半島でも倭の進展が進んだ時期だ。◯は「朝」番号で⑤～⑫、即ち第５朝～12朝に当たる。河内和泉の巨大古墳のデータも揃った。

1．⑤～⑥時代ではヤマトから飛び出す。「ヤマト体制」は続いている。
応神陵⑥以降、超巨大古墳時代だ。

2．⑦～⑧時代では「西（和泉）ゾーン」 海辺に 約10㎞移動し400mクラスだ。中国・半島に倭が立派だと見てもらうため、向きと高さを揃えた超巨大古墳を並べた。まさに巨艦列のように見せるために造った。半島でも弥生時代同様水稲のおかげで平和だったのか倭の五王時代だ。ちなみに、戦艦大和は263m。大仙古墳は463mH36m。はるかにでっかい。上石津ミサンザイ古墳は365m。

3．ヤマト体制が終わり、4．⑨～⑫時代では300mクラスから200mクラスへと小さくなった。

⑬～時代 もっと小さくなって100mクラスになり、巨大古墳ではなくなった。

ヤマト体制の古墳配置

「古墳配置」では、古墳は動けないので築造順は変更不可だ。そこで陵の場所を次のように整理した。

奈良の出入り正面は「仲津山古墳」①、奈良の登り口「誉田御廟山古墳」②、「大仙古墳」③は②の正面、「上石津ミサンザイ古墳」④は大仙③の並びとなっている。初期の河内和泉では大王が4人、先の奈良の大王が4人で計8人、妃と大巫も8人ずつだ。丁度、8ファミリーが固まった。ここまでは古墳の位置も、祭祀をもってヤマト体制のままだった。

逆に言えば、この後には妃と大巫の巨大古墳が築造されなくなり、ヤマト体制が終わってしまったということだ。この後、4基の巨大古墳が築造されたが、巨大古墳同士の方向の関係に意味を持たせることができず、「古墳配置」では築造順を決めることができなかった。というか、大巫がいないので古墳の位置がばらばらになったのだろうか？　第３章で後述。

仲哀大王が死んだので、大巫の呪術が効かなかったのか。大巫を信じられなくなったのだろう。「仲津山古墳５Ｃ前⑤」と「誉田御廟山古墳５Ｃ初⑥」を見ると考古学では「時期」が逆になっている。しかし、「古墳配置Ⅱ」を見れば「仲津山古墳が先に築造された」と分かる。この時、中国と半島に倭の実力を見せつけようとし「百舌鳥古墳群」が超巨大に造られた。考古学的に考えている資料のデータも変える必要があるだろう。

次は仁徳陵だが、「誉田御廟山古墳」の墳頂を真東に見ながら「大仙古墳」の位置を決めた。一方、「上石津ミサンザイ古墳」の主軸は仁徳陵の西縁に合わせて見せてくれる。現在の考古学の築順では工事をするのは無理だ。

その後、超巨大古墳を十分見せることで倭の実力を示せたので、一般的大王サイズ（２３０ｍ）へと小さくなった。

『古事記』は「文学」

この頃の『古事記』の記事は事実と合う。「仲津山古墳」と「誉田御廟山古墳」、「市野山古墳」、「岡ミサンザイ古墳」の４人の大王の陵墓を河内とし、「上石津ミサンザイ古墳（石塚丘）」、「大仙古墳」、「土師ニサンザイ古墳」の３古墳はモズとなっている。

『古事記』には、仲哀「御陵は河内の恵賀の長江にあり（南河内郡）」、応神「御陵は川内の恵賀の裳伏の岡にあり」、仁徳「御陵は毛受の耳原にあり（大阪府堺市）」、履中「御陵は毛受にあり」と書かれており、現在と一致する。『古事記』は卑弥呼を消すために奈良の御陵の位置を変える必要があったが、河内和泉では変える必要はなかった。一方、大和時代の第1～4朝の天皇の陵墓は不比等が立派なものに並べ直した。

また、仲哀后⑤の陵は「古墳リスト」でも「古墳配置」でも連動する古墳関係から事実が分かってきた。佐紀古墳群の市庭古墳⑤は小サイズだった（前々節）。このため仲哀の后即ち神功皇后については「記紀」の記述も事実ではなくフィクションだ。治定も誤っている。ただし、文学としては素晴らしいと思う。アイデアがすごい！

「河内和泉　被葬者名」

『古事記』によれば、仲哀天皇⑤は36

大王　河内和泉古墳群

10期	位置群	築造順（筆者　括弧は考古学者）			墳長	朝	被葬者	治世 記：古事記 没		場所	治定陵墓名 ｵｼｲ
5	河内・和泉	仲津山古墳	中期	5C前	286	5	仲哀天皇⑤		7 362没記	藤井寺市	× 仲姫命
		誉田御廟山古墳		5C初	425	6	応神天皇⑥		32 394没記	羽曳野市	応神天皇
6		大仙古墳		5C前・中	486	7	仁徳天皇⑦	讃	33 427没記	堺市	仁徳天皇
(5)		上石津ﾐｻﾝｻﾞｲ古墳 （石塚丘）		5C前	365	8	履中天皇⑧	珍	5 432没記		履中天皇
(9) 7		土師ﾆｻﾝｻﾞｲ古墳		5C後	288	9	反正天皇⑨	済	5 437没記		反正天皇
		河内大塚山古墳		6C後	335	10	允恭天皇⑩	興	17 454没記	松原市	× 雄略天皇
		岡ﾐｻﾝｻﾞｲ古墳 （中期）	後期	5C後	227	11	安康天皇⑪		2 456没記	藤井寺市	× 仲哀天皇
		市野山古墳		5C後	238	12	雄略天皇⑫	武	33 489没記		× 允恭天皇

10期・期：筆者　（）は考古学者　古事記没

2年没。御陵は河内の恵賀の長江にあり、秘することがなくなったので陵の位置は事実と思われる。『古事記』の順に関連古墳を述べる。「仲哀天皇」が九州で没した後、モガリを済ませ陵が作られたのが「河内和泉」の1つ目の古墳だった。河内和泉初代「仲津山古墳」①、奈良盆地出口レベル（標高）40ｍ、河内出口レベル34ｍ、大和川のレベル差6ｍ。両方のレベル差は小さい。舟で下るならすぐだ。

次は「誉田御廟山古墳」②は超巨大古墳で、「記紀」では次の「応神天皇」となり、政務時期も生涯も長く築造時間も長かったであろう。

続いて「大仙古墳」③。「記紀」によると「仁徳天皇」である。活動も大きいし生涯も長い。大仙は第7代で立派な周濠を持っており、佐紀古墳群の7代も同様になる。

次は「記紀」によると「履中天皇」であり場所もモズで、「上石津ミサンザイ古墳」④が「古墳配置Ⅱ」の図に一致した。

さて、ヤマト体制が終わり、大王の時代となった。河内和泉の被葬者の説明は前頁のリストでごめん。また次の土師ニサンザイ古墳以降の説明は長すぎるので別章とする。

朝廷・被葬者リスト

推定陵墓名は、崇神①から雄略⑫までとすることにした。ついに全ての大王族・王家が揃った。「**朝廷**」を見よう。整理すると次頁のリストになり綺麗に並んだ。上の欄に朝名が並び右のその下に大王、次に后が、次に大巫が並んでいる。「古墳配置」と「被葬者推定」がファミリーを教えてくれた。ファミリーが「朝」になり、巻頭の古墳リストからはまるっきり違うものになってしまった。

第1朝廷から第8朝まではヤマト体制として進み、第9朝廷から第12朝までは大王時代で后と大巫の巨大古墳はなくなった。見やすくするために並べたのではない。地面に巨大古墳が見せてくれたのだ。右下隅の欄が最大の成果だったと思うが内容は後章。

大和体制「朝廷」①～⑫ファミリー

	朝名	①崇神朝	②垂仁朝		③景行朝	成務朝
皇 スメラ	古墳名	メスリ山古墳	桜井茶臼山古墳		行燈山古墳	渋谷向山古墳
	被葬者	崇神皇① 318没記	垂仁皇② 330頃没		景行皇③ 341没記	成務皇④ …5
	墳長	224（250）	208		242	302
	古墳群	鳥見山古墳群			柳本古墳群	
		大倭古墳集団				
后 キサキ	古墳名	五社神《ゴサシ》古墳	佐紀瓢箪山	佐紀陵山古墳	佐紀石塚山古墳	宝来山古墳
	被葬者	マザー 台与Ⅶ（末女王） 崇神后 御間城姫 父は大彦命	垂仁先 狭穂媛 謀殺 父は彦坐王	垂仁后 日葉酢媛命 丹波道主命の娘	景行后 八坂入媛命 父は八坂入彦命（崇神の皇子）	成務后 吉備郎姫
	墳長	276	96	208	220	226
	古墳群	佐紀古墳群				
大巫 オオミコ	古墳名	新山古墳	佐味田宝塚古墳	佐味田貝吹山古墳	新木山古墳	築山古墳
	被葬者	遺骸なし 女王時代の遺物庫	遺骸なし 狭穂媛巫の遺物庫	垂仁巫	景行巫	成務巫
	墳長	137	111	185?（100）	200	208
	古墳群	馬見古墳群				
	10期(時代)	3期（前期）			4期（前期）	

10期・期：筆者　（）は考古学者　記：古事記　紀：日本書紀

⑫雄略朝	⑪安康朝	⑩允恭朝	⑨反正朝	⑧履中朝	⑦仁徳朝	⑥応神朝	⑤仲哀
市野山古墳	岡ミサンザイ古墳	河内大塚山古墳	土師ニサンザイ古墳	上石津ミサンザイ古墳	大仙古墳	誉田御廟山古墳	仲津山古墳
雄略皇⑫ 武 489没記	安康皇⑪ 456没紀	允恭皇⑩ 興 454没記	反正皇⑨ 済 437没記	履中皇⑧ 珍 432没記	仁徳皇⑦ 讃 427没記	応神皇⑥ 394没記	仲哀皇⑤ 362没記
238	227	335	288	365	486	425	286
古市古墳群			和泉古墳群			古市古墳群	
河内和泉古墳群							
	「古事記」では古墳がなく奈良に陵墓と書かれているが、古市に古墳がある。ただし、本体の方向が光丘と逆だ。		前朝で大巫と后の巨大古墳は終わった。「倭の五王」時代、政務が重要になり　祭祀は重要ではなくなった。祭祀は伊勢の皇大神宮、豊受大神宮へ	コナベ古墳	ヒシャゲ古墳	ウワナベ古墳	市庭古墳
				履中后 黒媛 葛城葦田宿禰の女	仁徳后 磐之媛 葛城襲津彦の娘	応神后 仲姫命 母は金田屋野姫命	×神功皇后 母は天日矛裔・葛城高額媛
				204	218	265	(253)径
				川合大塚山古墳	島の山古墳	巣山古墳	倉塚古墳
				履中巫	仁徳巫	応神巫	仲哀巫
				215	200～	204	180 径10
7期（後期）				6期（中期）		5期（中期）	

第3章　事実と歴史　Ⅰ

1　箸墓古墳　　巨大古墳の第1号

初期「円墳」、後年「前方後円墳」

日本には「巨大古墳」が約40基あるが、考古学も進み築造された時期も分かってきた。このうち最初とされているものが箸墓古墳だ。ということは、単独で唯一だった時代もあった。過去に大きな古墳はなく陪塚もない。そばに行くと実に巨大だ。

『魏志倭人伝』には「大作塚径百餘歩」と書かれている。箸墓の後円部の大きさは実径約１５０ｍ、高さ30ｍで、これだけでも巨大だ。形態は円墳で合うし、直径も丁度合う。「百餘歩」とは当時の表現で数字的には一桁で適当だ。ということは、現在の箸墓は前方後円墳だが当初は**円墳**だったと思われる。前方後円墳だったら「長○餘歩」と書いただろう。古代の民は「卑弥呼」を忘れることはないので名を「倭迹迹日百襲媛命」とごまかした。

『魏志倭人伝』には「倭国乱れ相攻伐歴年」と書かれており、巨大古墳を築造する余裕はなかった。卑弥呼が没したのは２４７年頃だ。平成現在、３世紀以降の巨大で墳墓的な遺跡等は見つかっていない。現代の社会も進み考古学の調査力を見れば今更「大作塚径百餘歩」が発見されることはなかろう。ということは、箸墓古墳は女王たる卑弥呼の古墳だとしか考えられない。「大きな塚を」大王が計画的に造ろうとしたのではない。このとき女王の時代であり大王はまだいない。即ち、造ろうとしたのは民やヤマト連合が集まって自律的に「大きな塚を造った」と思われる。

形態

箸墓古墳は実に美しい。前方部が撥型になったり、ヘッドアップだったりする。巨大古墳を初めて造ったのに、この形は完璧すぎる。世界中でもプリミティブな土墳は円墳だ。考古学はどう考えているのか。

前方後円墳の形態は日本人の感覚に気持ち良く合う。現在の箸墓古墳は美しすぎて、突然このよう

箸墓古墳

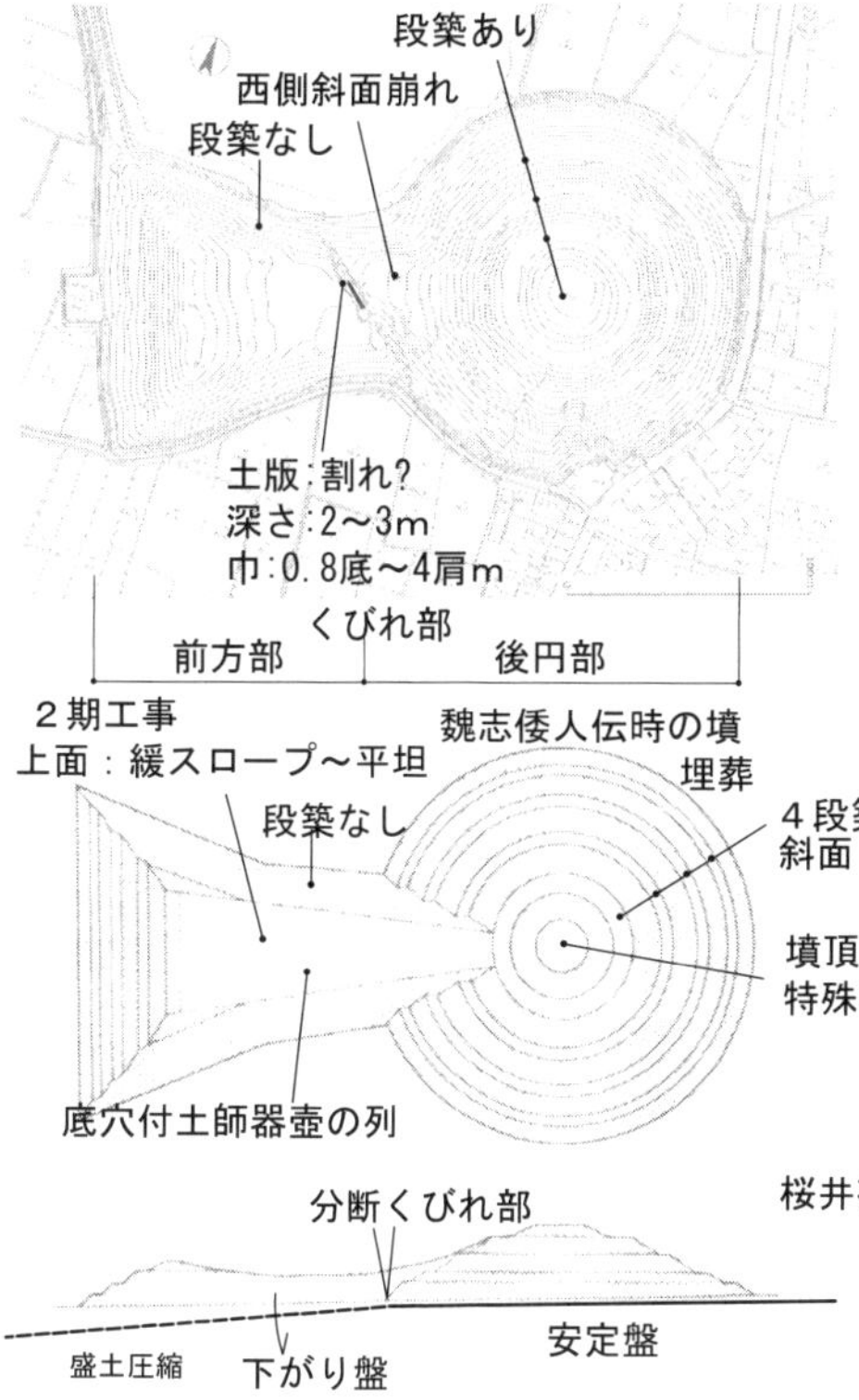

箸墓古墳墳丘測定復元図

な形が出来たとは考えられない。ということは2期工事で美しくなったと思う。
後円部には葺石の確認ができないが、前方部先端の北側の墳丘の斜面に川原石を用いた葺石が存在している。また、後円部には4段築造があるが、前方部の側面には段築がなさそうだ。即ち、初期時の後円部の段が多いため2期工事では前方部の段築には対応できなかったと思われる。以降、ヤマト体制の古墳は3段築だ（ただし、西殿塚古墳の西部分と五社神古墳は4段）。

後円部

土を大きく盛り上げると法面保護のため段が必要だ。今の土木工法でも同じだ。斜面に「河原石葺」と現状調査図を見て感心した。また後円部上でのみ、岡山市付近から運ばれたと推測される特殊器台・特殊壺が認められる。
一方、西殿塚の後円部、メスリ山、茶臼山古墳には水濠はない。同様、初期時代では箸墓も後円部のみの円墳で地山に山状に盛土し造られたと思われる。

前方部

後円部は4段築造であり、前方部は2段築造だ。前方部2段は王家のオーダーであり、前後がうまくつながらない。即ち、前方部は大和朝廷時代であり2期工事と考えられる。北の池を見ると水面積は前方部より広い。深さが分からないが土量が池の水量となったのではないか。2期工事に箸墓古墳周囲の土を使って築造したのだろう。多分、これまで水濠に意識はなかったが、呪術上前方部が必要になった。後円部はすごく高い。土は一期工事で使ってしまったので、ため池を造らざるをえなかった。と思う。

また、西殿塚古墳も前方部と後円部の乗り合いがよくない。こちらも初期は円墳（真円）として築造されたようだ。箸墓古墳、西殿塚古墳ともに前期の末に大和朝廷の施設として前方部を増築し前方後円墳の形態へと変造されたものと考えられる。以降、ヤマト体制の古墳は３段築造だ。だが、箸墓と西殿塚と五社神古墳の３墳のみは後円部が４段だ。なぜ、王家古墳の流れが４段から３段へと変わったのか、後述とする。また、磐座山制度が発明された。そのため、箸墓と西殿塚の前方部は初期にはなく、数十年後に造られた。箸墓の前後部は同時築造されたことはありえない。これも後述とする。

時代

『魏志倭人伝』を見れば、（戦ではなく）女王卑弥呼が没し小戦争の後、国内は卑弥呼の宗女「台与」を女王として治まった。狗奴国もヤマト連合に入り女王時代となったようだ。卑弥呼は２４７年に没し、初代天皇崇神は３１８年に没した。この70年間が白紙だ。大和朝廷は出来たばかりだし、中国史には95年も倭のことが何も書かれていない。ＡＤ２６６年、倭の女王の使者が洛陽へ朝貢に行った。その後４４１年（19允恭天皇頃⑩）まで中国や朝鮮史でも倭の事蹟が全くない。中国にとっても半島にとっても、倭には書かねばならぬ事件がなかったということだ。倭が平和だったということだ。

前方後円墳の形態はまだできていなかった。これが台与の西殿塚古墳（前方部はまだ無い）と大和古墳群の築造時期だ。

『魏志倭人伝』では狗奴国との戦争をやめ、巫女王が魏と友好したままになっている。また祭政を一体化したままヤマトでは千人もの婢がいたと書かれている。女王にとって各地の祭祀や政務をするための大和センターがあり、「子巫」が必要だった。それが千人だったと考えられる。

その後どうなったか。初代天皇崇神が318年に没するまで何があったか。

2　女王時代　西殿塚古墳・大和《おおやまと》古墳群

大和古墳群

奈良盆地中央には巨大古墳は無く、巨大古墳の築造順を見ると初代は箸墓古墳で、第2代は「西殿塚古墳」だ。西殿塚の所在地は「大倭古墳集団」の北ゾーンにあり、大和古墳群（旧名は萱生《かよう》古墳群）と呼ばれる。図（口絵及び次々頁参照）の地域の状態を見よう。前方後円墳12基、前方後方墳5基、円墳7基の存在が知られており、「西殿塚古墳　230m 径140m」が中心になっている。奇妙にも実に特殊な状態だ。

王家の古墳は群としてまとまるのが普通だ。まさに、これだ。佐紀古墳群は「后の陵の地域（后の谷）」であり、また馬見古墳群は「大巫の陵墓の地域（大巫の谷）」だ。ということは、もう1つの王家の古墳群だったのだ。「大和古墳群」とはいかなる「群」なのか、見てみよう。

西殿塚古墳

まずは中央の巨大古墳。墳丘は全長が２３４ｍ、後円部は**正円形**、前方部の側面は緩やかに弧状をなし端部で開き、正面ではわずかに撥型をしている。段築が認められるが、前方部の段築がくびれ部で解消してしまい後円部につながっていない。周濠は、地山を少し掘り下げて造っている。葺石と円筒埴輪が確認されている。前方部がヘッドアップや撥型になるのは、行燈山古墳より少し前あたりの時代かと思われる。多分、箸墓と同じく初期は円墳で、２期に増築され前方後円墳になったということだろう。

初期の頃、箸墓は円墳のままだった。同様に卑弥呼の宗女「台与」の古墳も大きく、初期では円墳のままだった。『倭人伝』を見れば13歳から活動したようだから、西殿塚古墳は台与の陵墓だったと思われる。墳丘は東側３段築成・西側４段築成、直径：約１４０ｍ高さ：約16ｍ（東側）。データは後円部の寸法だ。

形が違う古墳群

ところで、日本中の大規模な「**前方後方墳**」を見ると、１００ｍを超えるものは大和に集中している。５基が大和にあり、他は東海・関東地方に１~２基が存在するだけだ。やはり圧倒的に造られたのは大和だ。

次の図「大和古墳群」を見よう。その中、前方後方墳では墳丘長65~１４０ｍが５基あり、100mサイズが3基、50mサイズが2基だ。

また、前方後円墳は12基ある。これは大和朝廷の古墳の形態であり崇神以降の時代のものだろう。一方、円墳も径22~70mで7基が造られた。何だったのか。

女王時代

突然だが、大和朝廷の最初の古墳は馬見古墳群の「新山古墳」で、前方後方墳だったことを頭に置く必要がある。大和朝廷の陵墓は前方後円墳として造られたが、その直前に前方後方墳「新山古墳」が造られた。以降はすべて前方後円墳だ。

前方後方墳は朝廷墳の前触れ

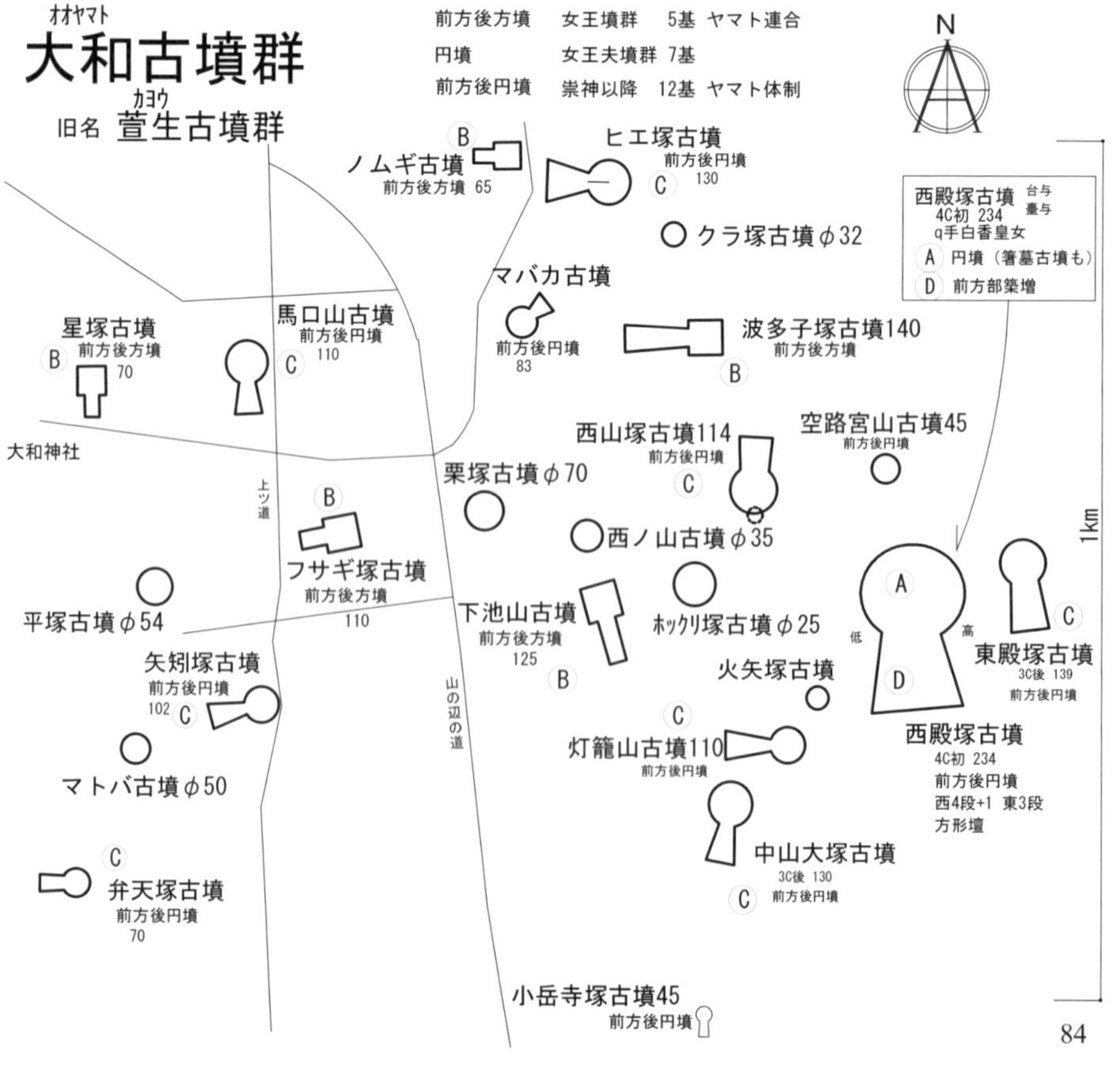

だったのだ。前節で見たように馬見古墳群は女性の巨大墳で大巫女か女王だ。ということは大和古墳群の前方後方墳の5基はプレ大巫、即ち女王たちだったろう。巨大な西殿塚古墳は女王だった台与の陵墓であることに間違いなかろう。

箸墓古墳（卑弥呼）と西殿塚古墳（台与）が造られた時、即ちAD250年頃から崇神（没318年）までの時代が「前方後方墳」が造られる時代だ。まさに「前方後円墳がまだ出来ていなかった時代」だった。台与の続きは、平安な女王の時代で「王家の谷」ならぬ「女王家の谷」だった。

女王時代と大和朝廷時代の変化については第4章で。

前方後方墳

図の中央、前方後方墳の下池山古墳125mがある。遺物を見ると巨大な内行花文鏡があった。丁寧に保存されており女王の鏡だったことに違いない。この地域を天理市が調査しているが、まだまだこれからだ。前方後方墳の「ノムギ古墳」では、残念ながら女王的な遺物はなかった。他の前方後方墳は現在（二〇一七）では調査ができていない。女王の陵墓タイプが「ヘッドアップ付撥型の前方後方墳」だったのではないかと思われる。形を見ると以降の茶臼山や西殿塚古墳の前方部の形へ繋がったようだ。

築造された前方後方墳数は5基で、台与と同様に女王家の陵墓と思われる。驚いたことに、5人もだ。卑弥呼、台与、続いて女王が5人で、その後大和朝廷につながった。プレ大巫だった。まさに、女王システムもうまくいき、ヤマト連合の体制が進められたようだ。**「女王の時代」**と呼んでもよいだろう。

大和《おおやまと》古墳群の前方後円墳

一方、**前方後円墳**は大和朝廷時代のもので12基だ。「数が**12**、・・・ピーン」と来る。この論が扱う時代も天皇が12人で、即ち①崇神～⑫雄略にあたる歴史の時期数も12だ。「12」とは「4」の倍数でヤマト体制の特別な数字であったようだ。大倭古墳集団の大君は4代、佐紀古墳群の后と馬見古墳群の大巫は8代、河内和泉の大王も8代・・・。12代とは崇神から雄略天皇の数だ。ここまできっちり合うと呪術の法則かもと思われる。大和古墳群とは、このゾーンとは何か。

女王時代から続いた大巫も巫女族だ。大巫と大王と妃の巨大古墳は別ゾーンにいる。すぐ思いつくのは大巫の親の墓だろう。それなりの大きさがあった。ヤマト体制にとって重要だった。だが大巫は8基で12基では余る。一方、后では残りの墓がない。河内和泉では大王が4基残っている。ということは「12マイナス8」で4基、即ち9朝以降の后の陵墓だったと思われる。今後も「4」の倍数が何度も出てくる。一体、何だろう？　わからん。

大和古墳群の7基の円墳

これは簡単。7基とは、朝廷時代の前なので、台与と5人の女王とマザーの親だ。7基の円墳も当初は小さく、段々大きくなった。多分、卑弥呼時代の共立がヤマト連合の条件

大和古墳群史　古墳時代

AD247
卑弥呼没

台与没

台与Ⅱ～Ⅵ没

（馬見古墳群）
新山古墳 137m
台与Ⅶ＝御間城姫
「遺品庫」
呪術具を残した
棺なし

↓

AD318
崇神没

この時
后　8基
（佐紀古墳群）
大巫　8基
（馬見古墳群）
皇　12期
（大倭・河内和泉）

小戦争・千人没（狗奴国）→　平和　＝　台与を女王　祭祀一致時代

女王時代

箸墓１期　AD247
女王＝巫女族

Ⓐ 西殿塚古墳の後円部のみ―円墳（AD270頃）
円墳「塚」：墓
台与Ⅰ

伊都「平原遺跡」Ⓑ
5基の墳丘墓
子巫（女王の従者）の祭祀具残
内行花文鏡 46.5cm *4　他
同時に割り埋めた
一大率巫は崇神朝に終了

Ⓑ
古墳	m
ノムギ古墳	65
星塚古墳	70
フサギ塚古墳	110
下池山古墳（内行花文鏡 37.6cm）	125
波多子塚古墳	140

―前方後方墳
台与Ⅱ～Ⅵ
ヤマト体制以前の体制

女王陵墓 5基 ―（5+2）― Ⓑ 女王親の陵墓 7基
5ぴったし
台与Ⅰ～Ⅵ・崇神妃の親
円墳　径32～70m

女王は結婚しない
男王は
東遷＝吉野あたり？
（＝狗奴＝熊野）

＊馬見古墳群の第1番は新山古墳で
ヤマト体制唯一の前方後方墳だった。
２以降は全て前方後円墳である。

ヤマト体制が誕生 ―― 合体

前方後円墳はヤマト体制以降

大和朝廷時代
男王（崇神）が結婚
台与Ⅶは第1妃（御間城姫）になった
妃は且つ大巫となった
（初代だけ）

Ⓒ 西殿塚古墳　前方部と祭祀台
段築　接続部ごまかし
前後両方に巨大祭祀台
大巫と大王の戴冠式
朝廷修景
段築　埴輪・列飾台

Ⓓ 大和古墳群の**前方後円墳** 計12基

古墳	m
東殿塚古墳	139m
中山大塚古墳	130
西山塚古墳	114
馬口山古墳	110

崇神巫①・垂仁巫②
・・・雄略巫⑫
12ぴったし
①～⑧は大巫の親の古墳
⑨～⑫は后の陵墓だろう

時代の流れ
Ⓐ→Ⓑ→Ⓒ→Ⓓ

A:西殿塚古墳　初期円墳時代
B:台与Ⅱ～Ⅵ　前方後方墳
C:西殿塚古墳前方部築造+祭祀台
D:前方後円墳　ヤマト体制の誕生　大巫の夫

女王時代（ヤマト連合）
大和朝廷時代（ヤマト体制）

弥生→卑弥呼→ 台与と崇神をつなげたのは女王だった（大和古墳群）

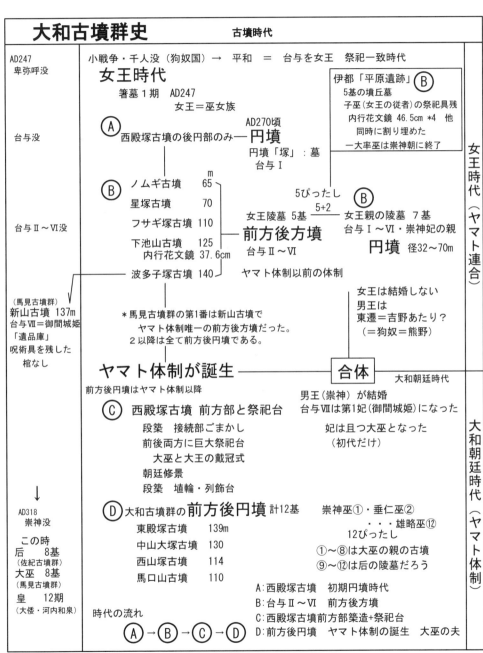

だったため、女王は婚姻できなく、亡くなれば新しい宗女が続けた。宗女とは正統の血縁で子を作らない女だ。一方、男王は大和古墳群には入れない。多分、卑弥呼の男弟がしたのと同じ政務をやったのではなかろうか。ヤマト連合は男王がいばらないようにしていた。墳墓を造らせなかった。探したが紀伊に墳墓がない。

更に進み大和朝廷も体制が固まり、巨大古墳を造る時代へと進んだと思われる。文章で書くと大変なので前頁の表「**大和古墳群史**」にした。というより、これのおかげで古代のミッシングリンクを埋めることができた。筆者自身が分かってきた。やったねー。

3　鳥見《とみ》山古墳群　2－1ゾーン

初代天皇「崇神」・2代「垂仁」

巨大古墳の初期部分こそが古墳文化の歴史であり、そのものだ。現在の考古学が調べ、または考えている「大倭古墳集団」の築造順を見た。箸墓古墳が初代、西殿塚古墳が2代と考えられ、その次は「桜井茶臼山古墳」、次に「メスリ山古墳」であり、以降「行燈山古墳」、次「渋谷向山古墳」とされている。また、宮内庁（治定）では「行燈山古墳」は崇神天皇、「渋谷向山古墳」は景行天皇としている。

「茶臼山」と「メスリ山」は史跡で治定（陵墓名）に載っていない。どちらも大きな前方後円墳であり、初源的な形態なのに、ほっとくとはなんだかおかしい。まず鳥見山古墳群の2基、この巨大古墳の形態をよく見よう。

メスリ山古墳①

4C前　230m　卓型前方後円墳

1　図を見れば後円部と前方部のくびれ部に溝形の接続部がある。後円部には段築があるが前方部は離れて方形壇形状だ。前方部は祭祀場を卓としツーピース的にしたのだろう。

2　後円部は真円ではないので円墳だったことはない。（後日発見、1期工事では円墳であり、2期では主軸方向が分かる前方部が造られ磐座山に向いていた）

3　方形壇は水平。側面には段築がなく、一体構築ではなさそうだ。石葺あり。

4　後円部の頂点部に巨大埴輪の大きな3重列があった。約10×15m。この下に「副室」もあった。

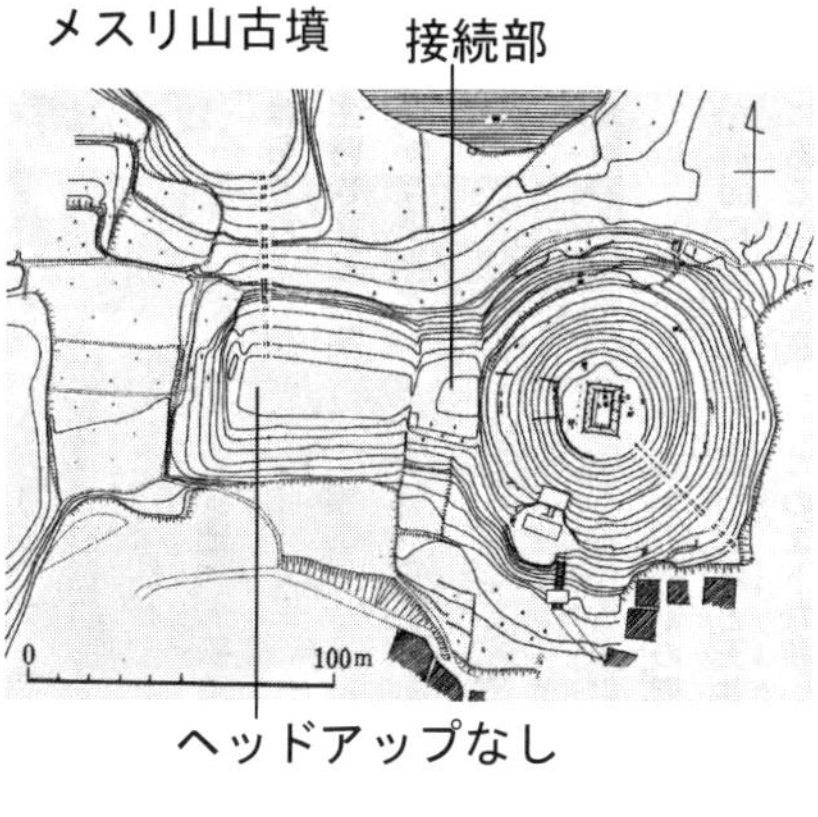

桜井茶臼山古墳②

4C前　208m　柄型前方後円墳

1　前方部と後円部に段築がつながってるので、一体構築だ。

2　後円部3段、前方部2段で周濠なし。

3　葺石あり、埴輪なし。

4　前方部は先テーパー上げでは南方向き。
5　約10×13×高2mの石貼り方形壇あり。

卓型前方後円墳（メスリ山古墳）

ヤマト体制も固まり始めた。「メスリ山古墳」の図を見ると、卓状前方部が付いた後円墳だ。多分、テーブル状「前卓」は祭祀場として使われ、後円部は高い槨を収めた。即ち前方部はフラットで大巫や后が真西の独立山（メスリ山／磐座山）を拝んでいた（後述）。大王1号の崇神墳の形態は「卓型前方後円墳」と呼ぶことにした。

ヤマトには「卓型前方後円墳」がもう1基あった。「佐味田宝塚古墳」だ。「柄型前方後円墳」より早く造られた（下図参照）。この順序を変えることは誰もできない。面白いので詳細は次の節「垂仁体制・狭穂姫」で。

柄型前方後円墳（茶臼山古墳）

「茶臼山古墳」は鏡長柄型前方後円墳で、以降は撥型になる。「メスリ山古墳」は「ヘッドアップなし」だが、以降はヘッドアップありへと変わった。祭祀の場所が後円部

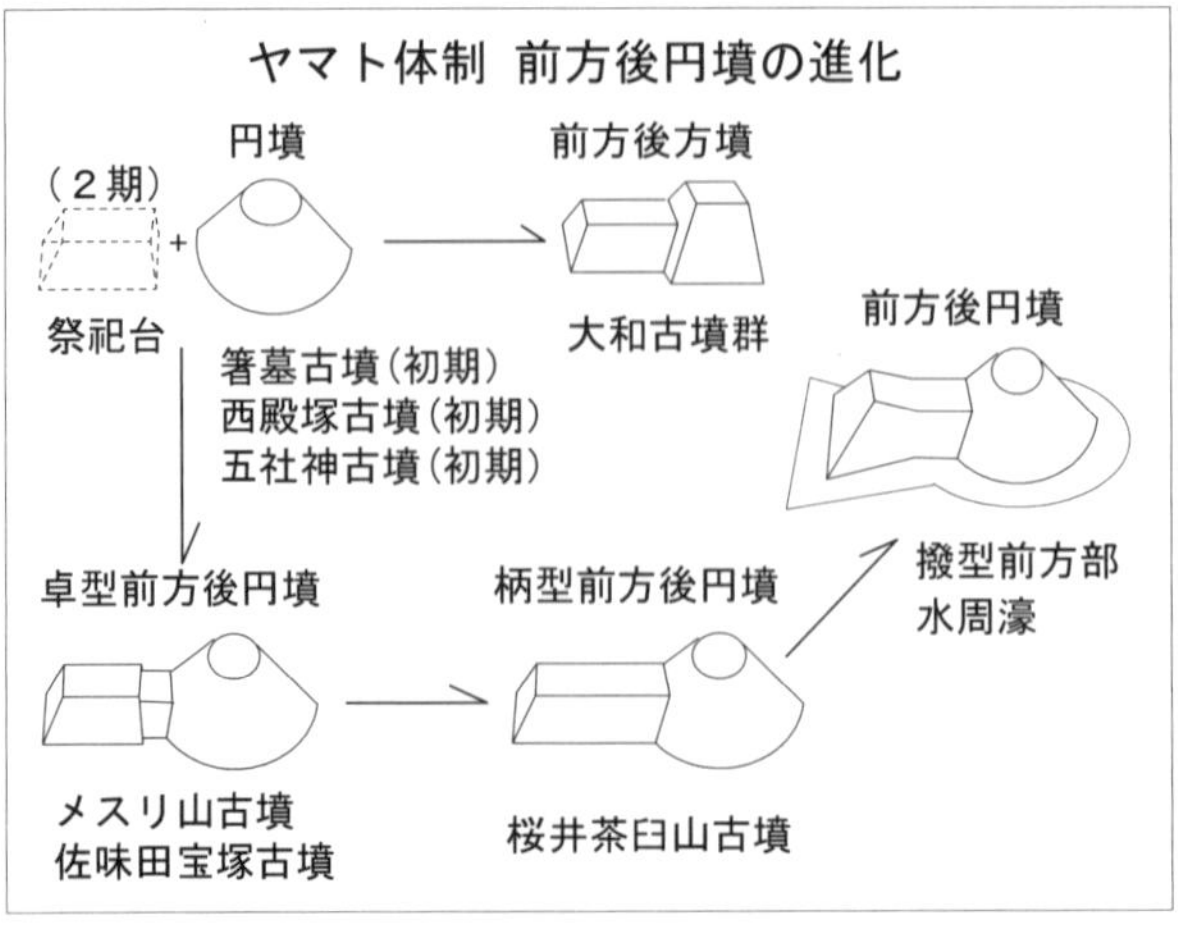

の頂へと変わったのではないかと思われる。それだけを見ても、時代的にヤマト体制の型から前方後円墳の進化も見えてくる。

茶臼山古墳

　ヤマト連合、即ち女王の国から「大巫女が祭祀を」「大王が政務を」する国、即ち倭国・大和朝廷へと変わった。ヤマト体制が大王初代から大王２代へと続いた。崇神と垂仁でありメスリ山古墳、続けて桜井茶臼山古墳のことだ。奈良盆地南の東部、鳥見山古墳群と呼ばれる巨大前方後円墳が造られた。政治も大和朝廷も進化していく時代だったと思われる。

　戻すが、卑弥呼が没し台与の代が平和だったのは、狗奴首長がヤマト連合に入ったからだ。その後大和朝廷となるが、その時大王となったのが狗奴首長だったと考えるのが分かりやすい。前節の「西殿塚古墳」の巨大な祭祀台を思うと、民は大巫と大王を喜んでいたと思う。当然、大王の陵墓の祭祀装備も立派だったと思う。

鳥見山古墳群

　ヤマト連合が進みヤマト体制が治まった。女王が大巫女になり狗奴首長が大王になった。『魏志倭人伝』で邪馬台国と戦った「南」のクニは「狗奴国」と書かれている。大王が没し陵墓を造る時、地元に近い場所を選ぶだろう。この時、狗奴の近い「鳥見山」を選んだと思われる。「殿山」だ。即ち、この場所を見れば初代天皇の本来の陵墓が分かる。「メスリ山古墳」だろう。「皇山《スメラ》」だ。続けて、桜井茶臼山古墳だろう。邪馬台国の南、即ち紀伊半島、奈良の南。吉野か？「熊野」か。

前方後円墳

大和朝廷が進み自然と女王が大巫になった。ヤマトだけの巫になったのでなく、日本全体の大巫になった。日本中に前方後円墳がある。ヤマト体制の印（シンボル）として前方後円墳が築造された。「前方後円墳」があると、各地の首長も民の政務をまとめやすかったと思う。首長も民も嬉しかった。九州から東北まですさまじい早さで古墳が造られた。戦をするより開墾する方が豊かになれた。

余談だが、『古事記』では東遷として一部が熊野を通って来たとして書かれている。熊野国（狗奴国）のことだ（後述）。熊野から吉野と宇陀、続けて大和へとヤマト連合への一体化が実にうまい。神話として神たるアマテラスの子孫が日向からヤマトに入る物語は実話かと思い込まれそうだ。人が作った物語とは思えず、神話を超えて世界一以上の物語だ。

熊野とは三重県熊野市だ。というより「狗奴」と「熊野」は同じ意味だ。余談ではなかった。

メスリ崇神天皇確定

この稿を書いた後「五社神古墳」について大発見があった。ここまではメスリ山古墳が初代の古墳であることをデータや論理で書いてきたが、自信を持って「事実」として書くことができる状態になった。後述「五社神《ゴサシ》」。すごいぜー。

4　垂仁体制・狭穂姫

「佐紀古墳群」の西部に３基の２００ｍサイズの巨大古墳がある。全て北向き後円部で初期の王家の后の陵墓だ。このゾーンのそばに墳長96ｍの前方後円墳がある。佐紀古墳群の中で北向き前方後円墳と言えば王家の一族だろう。瓢箪山古墳と呼ばれているが気になる。調べてみると・・・。

佐紀古墳群　西部

最初の妃は御間城姫（崇神）、次が日葉酢媛命（垂仁）、次が八坂入媛命（景行）の順だ。桜井茶臼山古墳②の墳丘長は２０８ｍで、図の

中央下、佐紀陵山古墳②の墳丘長も208mと同じだ。大王と大巫が同権力だったのかもしれない。あとで見ると、実は同ファミリーだったのだ。

一方、「記紀」によれば御間城姫①の後、垂仁の愛すべき先妃が若死した。築造順を予想してみた。図の左上、五社神古墳①が造られ、先妃が若死したので、次に垂仁が愛をもって瓢箪山古墳96m（図右下）を設けた。次に近く谷を挟み良い場所を選び陵山古墳②を造った。次は左並んで石塚山③同220mを造った。ところが②と③があまりにも狭く堅苦しい。なぜか。狭穂姫と日葉酢媛命②が並んだため、仕方なく堅苦しくもギリギリ石塚山・八坂入媛陵③を詰め込んだ。と思っていた。だが北方向は少しずつ違っている。何となくおかしい、不思議だ。実は別な理由があった（後述）。

宝塚古墳　馬見《まみ》古墳群

佐味田宝塚古墳は、明治14年に発掘されたものが詳細に発表されている。町発行の『馬見丘陵の古墳』（河合町）を見た。役所では「何かが分からない物」としているものが多くある。だが、よく見ていくと分かってきた。「家屋文鏡」はすごい話なので第4章にて。

次頁の図と写真について右から順に説明する。

佐味田宝塚「異形石製品 H38㎝」

明治には墳上にあった。この古墳は竪穴式石室で、そこに遺物が並べられていた。町では意味不明としているが、狭穂姫が亡くなり垂仁②の先大巫が替わるため、人の代わりに

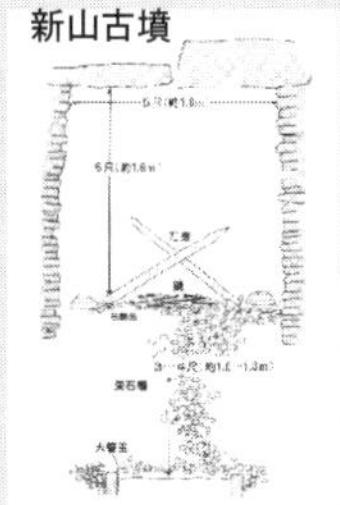

石室の構造推定図

巴形銅器

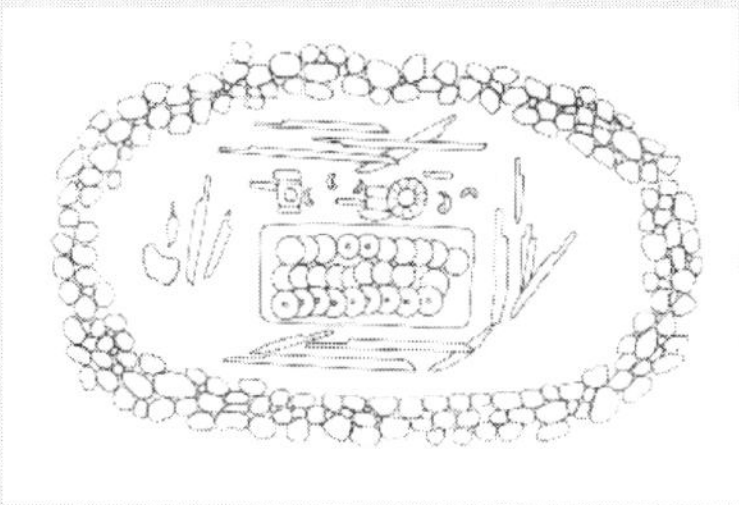
佐味田宝塚　遺物出土状態略図

異形石製品H38cm

「異形石製品」を残したのではないかと考える。

佐味田宝塚「遺物出土状態略図」

槨は元の大巫の祭祀具庫だろう。「略平面図」(多分明治14年)。家屋文鏡はじめ約36面の銅鏡、玉類、石釧、鍬形石、石製合子、滑石製模造品、銅鏃、巴形銅器、刀子、剣、斧、鑿など。埋葬施設は「新山古墳 石室の構造推定図」と同じだろうから、粘土槨で骨はなく栗石と組刀等がおさめられた。即ち、**宝塚古墳**は人体の埋葬施設ではなかった。

佐味田宝塚「巴形銅器」

スイジガイは「水字貝」、６本の角が「火除貝」とも呼ばれ、火除けなど魔除けとして使われているらしい。鋳型は吉野ヶ里遺跡で発見されたのが最初、弥生時代後期（２世紀）に日本国内で造られていたらしい。何だろう。分からん。

新山古墳「石室の構造推定図」

明治18年に発掘された。新山古墳では道具を残した。後方部中央に粘土槨があり、図のような施設だったようだ。南米の逆王墓みたいだ。新山古墳と宝塚古墳ともに多くの遺物をきれいな状態で残してくれた。一般のやり方では残らなかっただろう。断面図を見ると、床下に１m以上もある栗石層を持っており、

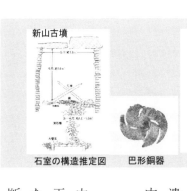

更にその下に立派な排水溝が付いている。棺がないので被葬者の施設ではなく、呪術・祭祀具を永遠に残すための施設と思われる。

即ち、女王時代が大和朝廷（ヤマト体制）に変わり、女王が「大巫かつ妃」に変わった。ナント、両墓とも陵墓ではなかったのだ。遺物の数と残り方が普通ではない。特殊だったのだ。

「記紀」によれば「垂仁②の初妻（狭穂姫）」が亡くなった。そのため別の大巫が代わったようだ。「垂仁体制・狭穂姫」の佐紀古墳群と同様に大事にされ、「佐味田宝塚古墳」は先の大巫の呪術具を槨に残した。そして新大巫の、即ち、垂仁の大巫の「佐味田貝吹山古墳」も築造された。

宝塚では、生きた人がいないのに大きな古墳を造ったのだ。祭政時代だ。垂仁の気持ちと民たちの気持ちが・・・。私の気持ちも・・・。

佐味田　貝吹山と宝塚

明治14年に発掘された宝塚では36の鏡、明治18年には貝吹山で7つの鏡が出た。

宮内庁では明治18年に調査した遺物を保存している。だが、町では「佐味田貝吹山古墳」を「明瞭な墳丘は見られなくなった」として、どこか分からない。

佐紀古墳群の妃について垂仁ファミリーを見たように、馬見古墳群でも同様かと思われ、佐味田に宝塚と貝吹山の古墳があると予想した。あるはずだ。まず貝吹山古墳を探そう。・・・ヤッホー、現地で確認した。3段築成古墳だ。都市計画図（1/2500）で古墳をプロットしてみると墳長１８０ｍ以上と思われた。次頁にある左右の図はまったく同じものだ。北東部に造成されているが撥型の前方部もはっきり分かる。

後日、貝吹山古墳の主軸線を延ばした。・・・なんと、五社神古墳に当たった。８㎞も離れている。もう間違いはない。・・・後日になって「五社神《ごさし》」の意味を知った。

ビックリするぞ。次々節にて。

「貝吹山古墳」の不明の意味

河合町の文献番号を当たってみると、「陣ノ山古墳」と「貝吹山古墳」が登録されている。貝吹山を別件とし、陣ノ山を盗掘穴と錯誤したようだ。貝吹山の頂部を小古墳と思ったらしい。所在地名で「佐味田字貝吹山」と「佐味田字新池」を2重に間違っており、貝塚は明治18年に主体部が発掘されている。現地に行くと私の目では主体部発掘跡と見えた。

佐味田貝吹山古墳・宝塚古墳

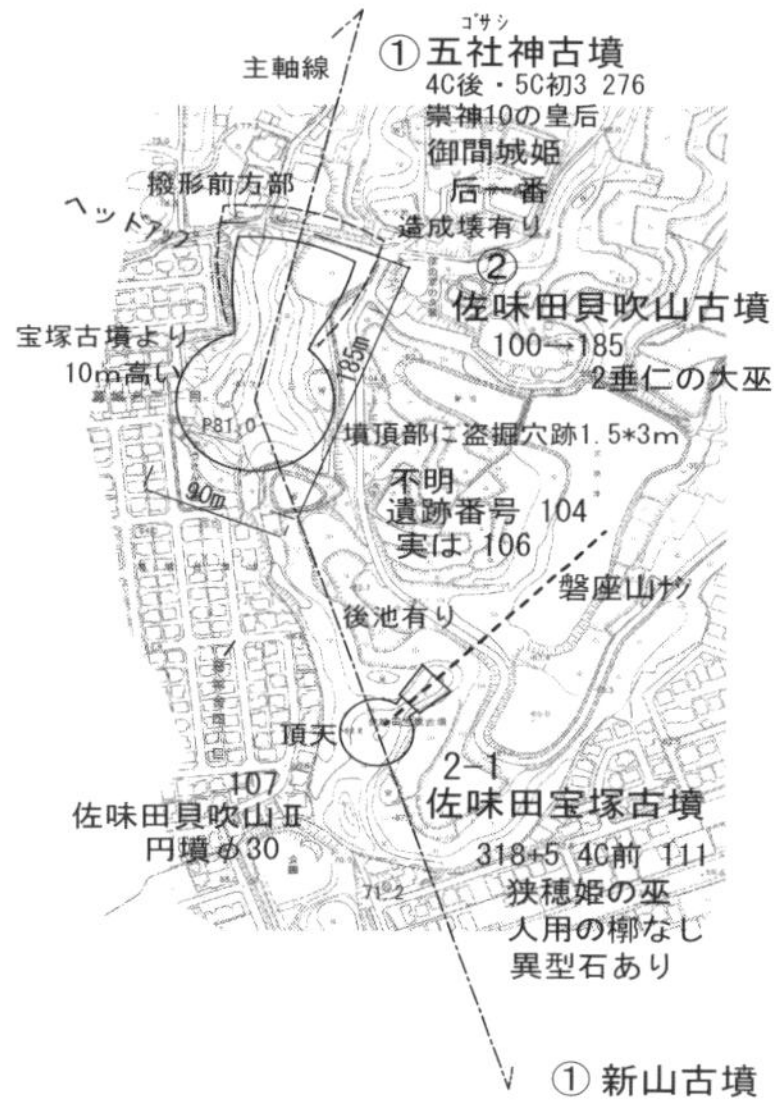

櫃考研の考えでは直径18m、筆者の目では3段・径90m以上と見えた。データにある半径9mに高15mとは物理的にも考えられない。

あちこち墳体を削ったり、土が足りなくて池にしたり、さらに農地に改造したりしたようだ。明治発掘時では記録され問題はなかったが、櫃考研の調査時では改造されていたのだろう。航空図では道の形で古墳とすぐ分かるが地上では気付かない。筆者が気付かなければ誰も分からない。五社神の意味など永遠に分からないだろう。

また、貝吹山古墳の図の左上、コンターを見ると北の道路沿いに前方後円墳の前方部ヘッドアップが残されている。先の新山古墳は137m、後の「新木山古墳」「築山古墳」は200mを超えるので、貝吹山が185mでも時代が進むことに不合理ではない。これが代わって佐味田宝塚111・5mが「狭穂姫の大巫の遺物庫」だったと思われる。

大和朝廷初期　築順整理

現地では、新山古墳①→宝塚古墳②→貝吹山古墳③が一直線上に乗る。貝吹山は五社神古墳に向いている。ということは

①五社神古墳　を築造、結局、佐紀古墳群の最高地
②宝塚古墳　　を築造、当時馬見丘陵の最高地
③貝吹山古墳　を築造、馬見古墳群の最高地　　　の順に築造された。

貝吹山古墳は、五社神古墳に向かって自分の主軸を決めて築造した。後円部は盛り上げた。結局、宝塚より高く造ったので、馬見丘陵の最高標高地となったのだ。

5　祭政施設

西殿塚古墳　２期・３期工事

築増は前方部の東側で１段築成で西側で２段築成、その幅は約１３０ｍ、高さは約12ｍ（東側）だ。また、墳丘上では特別な特徴がある。**祭政施設**で後円部・前方部それぞれに１段の巨大な**方形壇**（方丘）がある（下図）。築増時同時に造られ、後円部は25ｍ×25ｍ、高さ３ｍ、前方部は13×14ｍ、高さ1.9ｍとなっていて、総石積みで築造されている。

ヤマト体制

大巫が祭祀をしていたが、大王も正式に政務をすることに決まったのだろう。この時、ヤマト連合から大和朝廷に変わった。まさに、この時期にヤマト体制が固まって大和朝廷が稼働したのだ。

さて、築造順が逆になるのだが、崇神の陵墓「**メスリ山古墳**」①の後円部に巨大な祭祀施設（下図参照）が造られていた。径1.3ｍ高2.4ｍもある巨大埴輪を使い３重に配列（10×15

メスリ山古墳　　即位壇　　下は主室

西殿塚古墳 祭祀壇

m）されていた。中央には1.4×８mもある竪穴式石室（主室）と副室もあった。

大和朝廷の初代天皇が没し、大きな葬式が行われただろう。その後、朝廷としての国家式典を催したのが、この祭政施設だったと思われる。当初は「祭祀施設」だと思っていたが「祭政施設」へと考え直した。同時に戴冠式を即位式に変えた。このメスリの祭政施設は崇神のためではなく垂仁天皇を大王とするための施設だったのだ。メスリ本体は墓であるが、後円部の墳頂には巨大な施設が造られた。多分、即位式もあったであろう。

一方、垂仁の**茶臼山古墳**②には巨大な石貼り方形壇が造られた。約10×13×高２mの石貼りだ。メスリの埴輪列とよく似た広さだ。ということは、茶臼山は次の景行天皇③のための施設だった。祭政壇も３代天皇の即位式も盛大に行われただろう。２代垂仁の陵墓にも大きな石棺があり、多量な遺物とともに立派な玉杖があった。多分、墳丘が造られ、葬式をすませ、棺を収めた。その後になって祭政壇を造り継位式をやったのではなかろうか。

次の景行陵③（行燈山）や成務陵④（向山）には、そのような施設はない。一方、先に見たように西殿塚古墳には２カ所の方形壇がある。なぜだ・・・。

どちらも高く広々とした方形壇で、死者の埋葬用とは考えにくい（前図右参照）。大巫女と大王の就任式の祭政用に広大な壇を造ったものと思われる。即ち、大巫と大君の戴冠式をするためだったのかもしれない。

多分、西殿塚には同時に祭政式をする必要があった。即ち、向山と築山の主軸が同じラインで向かい合わせであることが重要だ。同時に祭政式をし、あとに大王と大巫の陵墓が造られたのだ。４朝時代だ。何があったのか。

訳が分からなくなってきた。戻すと、３朝時代、景行天皇③は２朝に造られた茶臼山で即位式をした。没後、行燈山古墳③に葬られた。第４朝では西殿塚で大王と大巫も別場所だが同時に即位式をした。大丈夫かな。難しい。その分、面白い。

その後、亡くなったのは成務天皇と成務巫で、向山古墳④と築山古墳④が同一ラインの主軸をもって築造した。同一ラインは同時工事でないと不可能だ。

「記紀」ともに成務の事蹟は消されている。伊勢の神宮との関係はいかがだったのか。大嘗祭や即位礼はどうか。『古事記』では伊勢神宮を造ったのは垂仁時代としているが、古墳の流れを見れば反正天皇⑨以降と思われる。履中大巫⑧の陵墓は造られ古代人は卑弥呼霊に拝んでいただろう。歴史学者の方、いかがでしょう。

箸墓古墳の２期

箸墓古墳の前方部には祭祀場がない。また、卑弥呼のため祭祀場は後円墳にあるということは、前方部はヤマト体制が数十年も経ってから築増したもので祭祀施設は必要なかった。卑弥呼を忘れることはないから、前方部を築増したのはヤマト体制（朝廷）が先祖を祀るため、または民を世を祭祀をまとめるためだった。と思っていたが更にがあった。

箸墓古墳の主軸は前方部しか考えられない。だが、編集上後述する。「倭迹迹日百襲媛命」の銘は前方部を築増した時だと思われる。ただ消すことはできず、「倭」を残した。その前の陵墓名はきっと「日巫女陵」だったろう。

6 五社神《ごさし》

五社神古墳

「五社神」の古墳名は、かつて後円部墳頂に存在した祠《ほこら》による。何のことだ。多分、江戸時代でも何の意味か分からなかったようだ。現在でも、誰も分からない。平安時代でも分からない。が、今では分かる。筆者自身でもびっくりする。

「五社神古墳」は前方部は南方に向いており、佐紀古墳群中では最大規模。また標高では最高地にあり、墳丘長は276m、墳高27m、頂標高121mだ。驚くのは奈良巨大古墳中の最北で後円部の墳頂径が最大だ。これが何を表現しているのか。考古学の古墳リストを見ると佐紀古墳群では最古だったり4期だったりする。初期と増築期の両方が正しい。

五社神古墳関連図

奈良盆地の巨大古墳の配置で何か関連は無いかとあちこちチェックを試してみた。すると五社神古墳と馬見古墳群の各墳の関連をみると、驚くことに奈良盆地の南北を渡って多くの関連があった。

前章の「巨大古墳の関連図Ⅰ・Ⅱ」から五社神古墳と関連したものだけをまとめたのが、「五社神関連図」である。図の中に拡大図を重ねたので少し見にくいが、そのそばの小さい円の中が本来の古墳の大きさだ。図の上端中央の小さな円が「五社神古墳」の位置で、その右枠が拡大写真だ。小円内もよく見ると古墳の形もほぼ分かるし、拡大写真を見ると

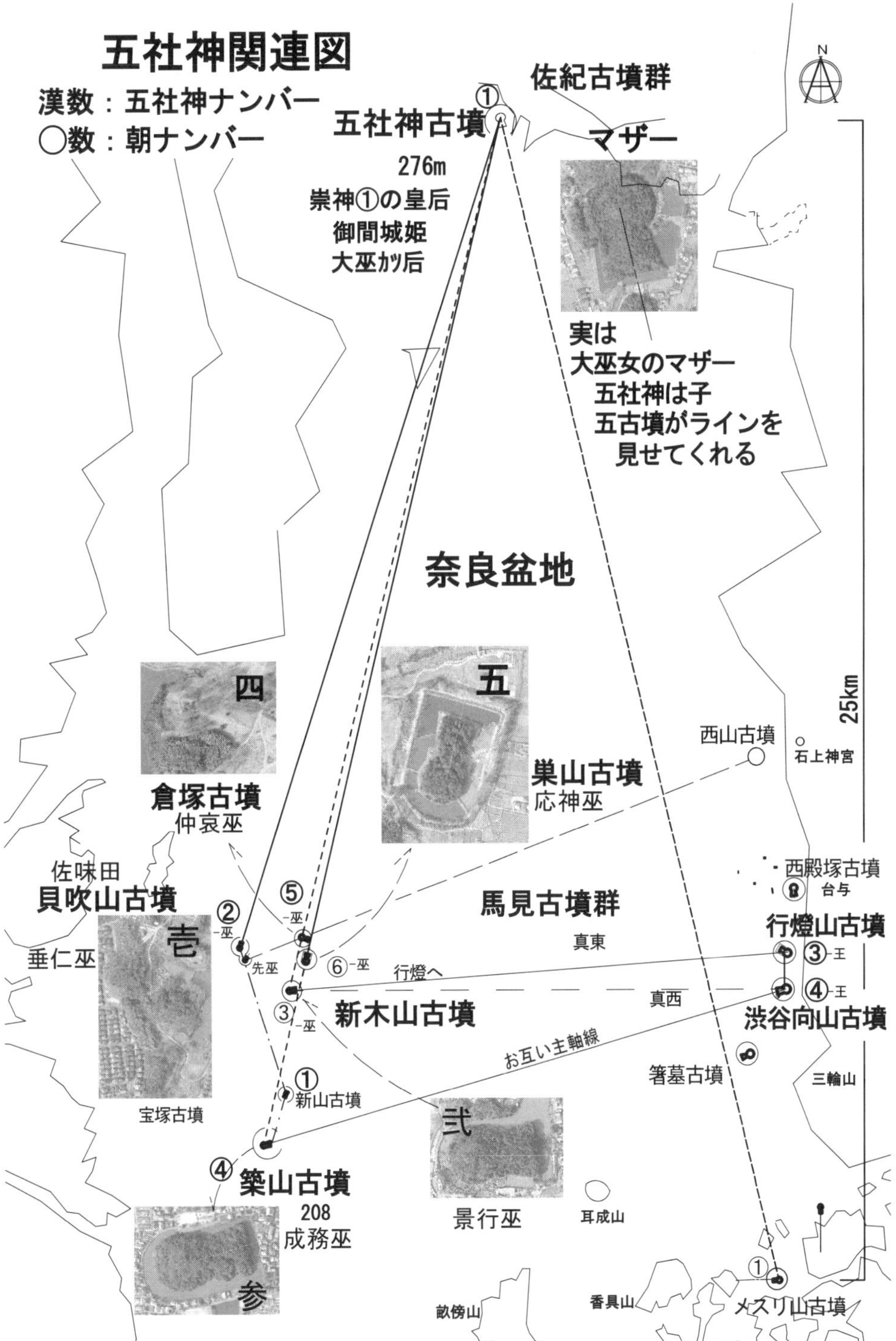

五社神関連図
漢数：五社神ナンバー
○数：朝ナンバー
佐紀古墳群
①
五社神古墳
マザー
276m
崇神①の皇后
御間城姫
大巫ｶﾂ后
実は
大巫女のマザー
五社神は子
五古墳がラインを
見せてくれる
N
奈良盆地
25km
四
五
西山古墳
石上神宮
巣山古墳
応神巫
倉塚古墳
仲哀巫
佐味田
貝吹山古墳
壱
垂仁巫
⑤
-巫
②
-巫
先巫
⑥-巫
馬見古墳群
西殿塚古墳
台与
行燈山古墳
③-王
真東
行燈へ
④-王
真西
渋谷向山古墳
新木山古墳
③
-巫
お互い主軸線
箸墓古墳
三輪山
①
新山古墳
宝塚古墳
弐
④
築山古墳
208
成務巫
景行巫
耳成山
参
①
畝傍山
香具山
メスリ山古墳

実際の形や大きさもよく分かる（口絵ピンクラインも参照）。

五社神古墳と右下のメスリ山古墳へのラインを見よう。何があったのか。25㎞も離れたまま向かい合っており、大王皇后ファミリーセットだろう。

たくさんあるが関連図のラインの端部を見よう。また、ライン毎に各々の古墳の位置と方向も見よう。さらに、五社神古墳と各々の関連、位置と方向も見よう。古墳同士の関連も見よう。古墳の向きが主軸線の場合は実線で、破線の場合は古墳（墳頂）同士が関連していることを示している。２つの拡大写真同士は数十㎞も離れている。また、さらに時代が進んだ「河内和泉時代」も含め、五社神に関係するものの築造順も示した。

古墳同士を見ていくと、あちらこちらで関連がありビックリする。

凡例：「壱」は**五社神ナンバー1**、②は朝ナンバーだ。

馬見古墳群　関連

ラインで古墳同士をつなぐと、③—⑤—①の墳頂線や④—⑥—①の墳頂線と①—①の主軸線が見える。古代人が造った順番「壱」～「五」からも巨大古墳の関連が分かる。五社神グループを見よう。

「壱」：佐味田貝吹山古墳②
五社神ナンバー1番、貝吹山古墳の主軸線が五社神古墳に向いている。馬見古墳群の最高峰。墳長185ｍ、周濠ナシ。前方後円墳で前方部をヘッドアップし五社神古墳へ向いている。
役所では本体を不明としている。「貝吹山古墳」96頁参照。
隣りに並ぶ宝塚古墳は１００ｍクラス、卓型前方後円墳で人の棺はなく石室。狭穂姫の死が大巫の祭祀具を残したのだろう。
「弐」：新木《ニキ》山古墳③
主軸線は行燈山古墳に向き当たる。また五社神古墳が見えるライン（五社線）上に倉塚古墳⑤が乗る。墳長２００ｍ、水周濠も立派。
たまたまになったのではない。古代人の人々が祭祀に喜びながら、呪術のルールにより大巫女の陵墓を造った。倉塚古墳⑤が五社神へのラインは一致する。
「参」：築山古墳④
主軸線は向山古墳④向き、即ち成務天皇の大巫だ。また自墳の五社線上に巣山古墳が乗る。墳長２０８ｍ、水周濠も立派。
「四」：倉塚古墳⑤
主軸線先は三輪山の足元、大神神社らしい。現在でも三輪山は磐座山だ。
位置は新木山古墳③の五社線上に乗る。かつ、本体と宝塚古墳と西山古墳も同一ライン上に乗る。即ち、新木山も倉塚も五社神マザーの子神だった。墳長１８０ｍ、半池あり。
「五」：巣山古墳⑥
主軸線のヘッドアップは五社神に向いている。かつ真後ろは「参」築山古墳④に当たる。
即ち本墳は「参」の五社神線に乗る。また当古墳の真東は行燈山古墳となる。墳長２０４

m、水周濠も立派。

以降、ゴサシに関連する巨大古墳はない。そこで確認すると、ここまでを見ると前方部方向が主方向であることが分かった。そのため、ここまでの論や図を修正することにした。ここまで古墳の向きがどちらか自信がなかったが、メスリから全ての前方部方向が磐座山向きだった。確認できて嬉しい。

築造順　整理

さて、データの話は終わった。「壱」～「五」順に述べてきたが、実は築順には自信がなかった。先に出来上がった古墳の方向や位置から次の古墳が造られた。これにより順を決めることができた。だが、決められないものがあった。倉塚古墳⑤と巣山古墳⑥だ。ラインが違うため真後ろでは倉塚古墳⑤と巣山古墳⑥、どちらが早いか配置的に確かめるものがない。普通、景行天皇③と成務天皇④の順を合わすと大倭古墳集団と馬見古墳群の位置関係から順がすぐに分かる。ところが、この時代の天皇は河内和泉の古墳配置から仲哀天皇・応神天皇と考えられるのだが、位置関係や方向だけでは仲哀巫墳⑤と応神巫墳⑥の築順を確定するのが難しい。

そこで、これでどうでしょう。歴史的に「四」倉塚古墳⑤は小さめで仲哀ファミリーだろう。次に、「五」は立派な巣山古墳なので応神ファミリーだと思われる。別章に見た佐紀古墳群でも仲哀ファミリーの陵墓は小さめだ。「記紀」の天皇事蹟を見れば馬見古墳群の古墳サイズや立派な作り方は活動同様の大きさかと思われる。サイズも大王・后・大巫の陵墓が比例関係になっているようだ。

他の関連した大王墳と大王名が分かり大巫も分かった。図中に書いたのが結果だ。大巫の名は卑弥呼や台与同様消されたと思う。ここまで馬見古墳群の被葬者は「大巫」と呼んできたが「神」とすべきかもしれない。

「五社神」に向かう「五神陵」はこれで終わりだ。

五社神の意味

五社神古墳に向かって左の線が3本ある（実は重なっており5本）。これらは主軸の方向または墳頂間が結ばれたラインで関連するのが五つの古墳だ。もうないかと思ったまま時を過ごした。ある時、あれ、あれっ、どっちもこっちも「5」ではないか。即ち、「五社神」とは5神の大巫の陵墓がマザーに向かって祀っていたのだ。図に見えたのは「垂仁巫」「景行巫」「成務巫」「仲哀巫」「応神巫」の5神の陵だ。五社神古墳は**造出**を発明した。あるものはどれも西側のみだが、祭祀力を飛ばす場所として造ったようだ。御間城姫とは、崇神天皇の妃だっただけでなくマザー大巫だったようだ。

だが、次では「ゴサシ」向きに築造することをやめた。113頁の図「南麓山群」を見よう。6人目では流れが変わり「ヒシャゲ古墳⑦」の向きは大和三山の畝傍山に向かっている。佐紀古墳群の仁徳の后「磐之媛」のようだ。同様「島の山古墳」は耳成山を重ねて香具山を向いている。というより香具山を発し耳成山の延長が「島の山古墳⑦」の位置に決め、そこに築造したのだ。これが「仁徳巫」で仁徳ファミリーだ。

「五社神古墳」は5基が向かっている。宮内庁が決めている治定陵墓名「神功皇后」はありえない。江戸時代元禄の修陵事業や明治以降の治定もそのままになっている。変えるべきだ。「ゴサシ」は今も生きている。永久に。

倉塚古墳と市庭古墳

五社神古墳の治定陵墓名を「神功皇后」としたのは、江戸期や明治の調査による。これは問題だ。

藤原不比等氏編集『古事記』は神功皇后を「狭城の楯列の陵に葬りまつりき」としてあり文章は問題ない。五社神古墳を「神功皇后」陵としたのは「ゴサシ」の意味が分からなかったからだ。事実は・・・。

古墳配置から、仲哀天皇の后陵は佐紀古墳群の中央にある「市庭古墳」だろう。馬見古墳群の場合、同時的事例だと考えると仲哀の大巫陵も「**倉塚古墳⑤四**」だろう。両方をチェックした。都市計画図で測ったり地形図を当たったりした。見ると「市庭古墳⑤」は後円部径105m、墳高は13m、「倉塚古墳」は後円部径106m、墳高13mでほぼ同じだ。朝廷は仲哀没後の后と大巫の陵墓築造を同時に同じ設計で築造したのだろう。

一般的に書かれている「**市庭古墳**⑤」は墳長253mと書かれている。この明治時代のいい加減なデータにより考古学者が案や図を作っている。現地の墳高13mをアンバランスと思わないのか。ちなみに隣のコナベ古墳は墳長204m、墳高20mだ。

ということは、神功皇后などいなかった。または小サイズの陵だった。また、明治時代に神武陵を設計した人が市庭古墳のデータを大きくした。・・かもしれない。

五社神とメスリの築造

「ゴサシ」は墳丘は後円部が４段築成、前方部が３段築成。墳丘長２７６ｍ。

「メスリ山古墳」は後円部が３段築成、前方部２段築成。墳丘長２２４ｍ。

４段築成は五社神古墳と箸墓古墳と西殿塚古墳のみ。ヤマト体制１朝では大王より大巫が重要だったようだ。

「ゴサシ」の後円部は楕円形東西径１９０ｍ、后ゾーンにあり、主軸線は「メスリ山古墳」に当たる、即ち、崇神朝①は「メスリ山古墳」と「五社神古墳」は夫婦でもあった。メスリが先、ゴサシが後だ（後日、逆と発見）。メスリの前方部は卓型で、ゴサシは撥型だ。ということは、撥型は茶臼山古墳より後なのでゴサシの初期には前方部はなかった。即ち、メスリの前方部もなかったと思う。

ともに１期は真円墳だった。その後、メスリにも前方部が付き、磐座山方向は働いてきた。ついでに、古代人は第１朝は各ゾーンを大事にしていた。大王メスリは最高地かつ最南地だ。后ゴサシも最高地かつ最北地だ。大巫の一番、貝吹山古墳も最高地かつ最西地だ。たまたまではなかろう。

論がここまで来ると築造された古墳の向きが重要だと思われ、なぜ、ふた山セットの変な形の陵墓ができたのかと不思議だったが、これも分かってきた。ところで、これまで大和朝廷の陵墓について奈良盆地には大倭古墳集団・佐紀古墳群・馬見古墳群の3カ所のゾーンがあると考えてきた。ところがもう1つ別の朝廷ゾーンがあったのだ。葛城氏ではない。考古学者も歴史学者も誰も、まだ気が付いていない。

7 南麓山群

前方部の方向

第4ゾーンを進める前に知っておきたいものがある。第3朝以降だが大王ファミリーセットの場合、古墳の築造を進めるためには最初に大王墓の位置と主軸の方向を決めねばならない。すると大巫墳の方向も位置も決まってくる。大巫墳を築造するには、先大巫墳を継承するのが良い。このとき位置と自分の大王墳もしくは五社神へ向かう線を自墳の主軸としなければならない。もしくは関連できる方向でなければならない。墳の位置が決まると、自分の大王へ向かう線を自墳の主軸として確定位置が決まる。ここまでが応神ファミリー⑥までで、「5 shrine」5つの神社・祠だった。

だが次の築造は仁徳ファミリーでは大巫墳「島の山古墳」は耳成山・香具山の方へ、后墳（ヒシャゲ古墳）は畝傍山の方向へ向いていた。ともに前方部が山に向かっている。古墳の棺の向きは、主軸に関わらず北に向かう。大倭古墳集団では後円部が朝日へ向かい、佐紀古墳群では北や北極星方向へ向かうと思い込んでいた。後円部が微妙にズレながらもこれまでその向きが北だと思い込んでいた。また、仁徳ファミリーたちでは古墳の前方部の方向が南へ向かうということなのかと考えてきた。どちらも違っていた。奈良盆地の中央平野が広過ぎて見逃した。

そこで「朝」の古墳では、**前方部の方向**に向かうということに考え直した。即ち、陵墓は山に向く。同様、全ての佐紀古墳群の巨大古墳の方向は、大王の陵墓もしくは盆地南縁に独立している山々へ向かっていたのだ。古墳の後円部から前方部に向かって祭祀していたのだ。祭祀は後円部の頂の広場で行い、遥かに遠い対象物に臨み向かって拝礼していたようだ。前方部では、先が遠くになりヘッドアップされるようになった。このため地面の礼拝者には大きく見えるし、後円部は遠く高く立派に見える。

戻すと、初期のメスリ山古墳①では棺方向は北向きで前方部はフラットだ。前方部広場では後円部が影になり祭祀方向は西向きになる。即ち、前方後円墳は前方部方向が祭祀方向となった。茶臼山古墳②も南方向即ち鳥見山向きだった。メスリも茶臼山も近い山、即ち独立山に向かっていた。即ち磐座山であって、これに祀っていたのだ。

「南麓山群」

次図の中央上部に集まっているのが佐紀古墳群で、２００ｍ以上もあるのだが小さくて何も見えない。左が拡大写真で各古墳の主軸を確認してほしい。続いてラインを見よう。佐紀と馬見の古墳群から多くのラインが南に向かっている。それぞれの古墳が南部の山々に向かっている。一つずつ延ばしてみるとどれもこれも一つずつ別々の独立山だった。ウムム！　何の意味だろう。ラインの起点は北で佐紀古墳群は后の陵墓と、馬見古墳群は大巫の陵墓だ。前方部向きの主軸を主軸線と呼ぶが、そのラインは全て終点に当たっており、どれも南麓に並ぶ独立山だ。

佐紀古墳群では、それぞれの巨大古墳はその主軸の角度がわずかだが真北にずれている。即ち、各古墳が自分の独立山に向かっているのだ。同様、馬見古墳群のうち五社神ファミリーから外れた「島の山古墳」⑦と「川合大塚山古墳」⑧も山に向かっている。これらは奈良盆地の南の山麓に独立山が並んでいる。既存の古墳群にも入れて**第４ゾーン「南麓山群」**と呼ぶことにした。丸数はファミリーの順番で、佐紀と馬見の古墳群の番数も一致してある。朝ナンバーと呼んでも良い。

「磐座山《いわくらやま》」

ラインをよく見ると仁徳⑦と履中⑧各ファミリーが２山ずつあり、他の①〜⑥墳にも各山がある。ただし、五社神古墳は①メスリ山古墳へ、宝来山古墳④は渋谷向山古墳④へ向かっており特殊だ。

南麓山群

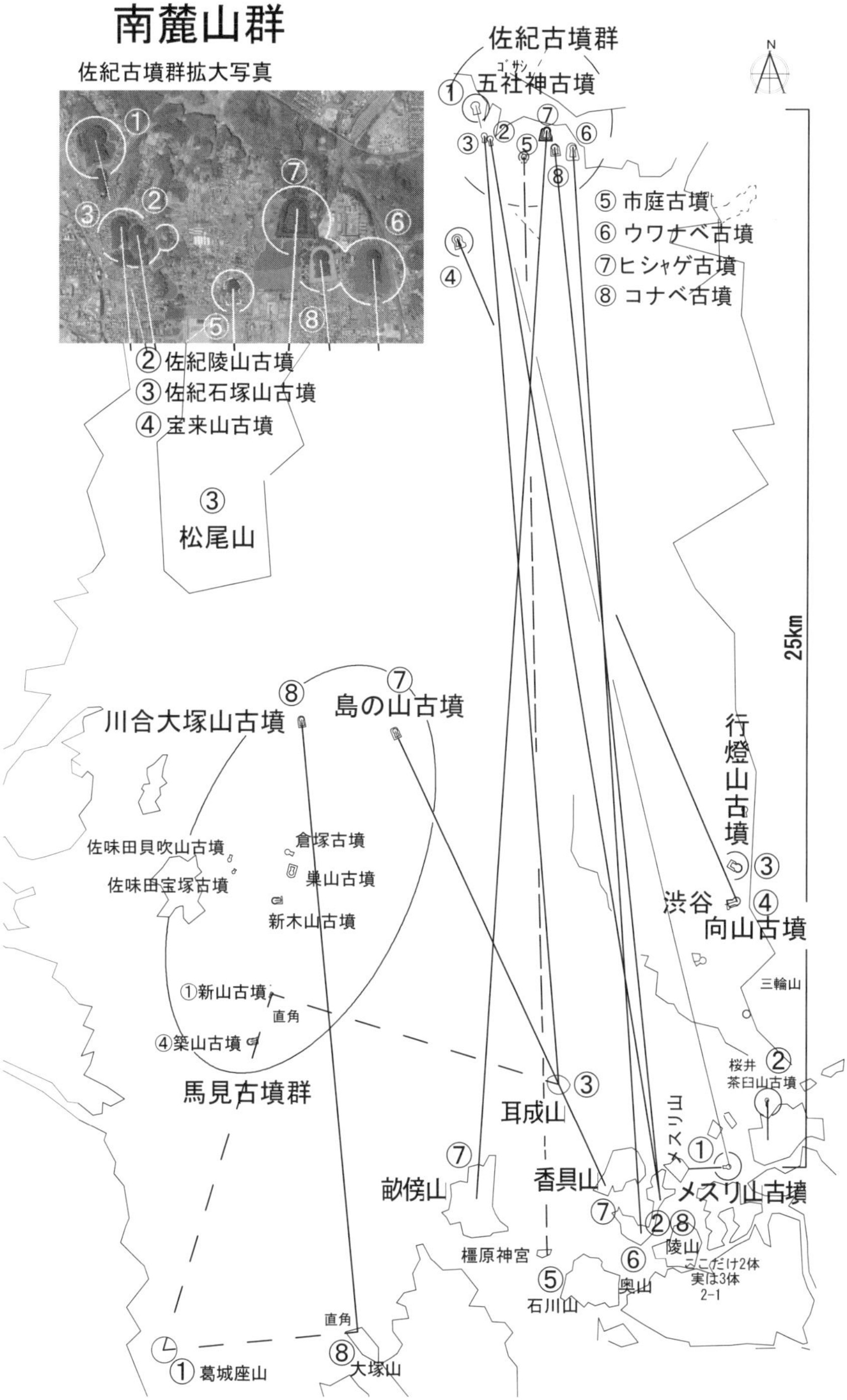
佐紀古墳群拡大写真
②佐紀陵山古墳
③佐紀石塚山古墳
④宝来山古墳
③
松尾山
佐紀古墳群
①五社《ゴサシ》神古墳
⑤市庭古墳
⑥ウワナベ古墳
⑦ヒシャゲ古墳
⑧コナベ古墳
N
25km
⑧
川合大塚山古墳
⑦
島の山古墳
佐味田貝吹山古墳
佐味田宝塚古墳
倉塚古墳
巣山古墳
新木山古墳
①新山古墳
直角
④築山古墳
馬見古墳群
行燈山古墳
③
渋谷
④
向山古墳
三輪山
桜井
②
茶臼山古墳
③
耳成山
メスリ山
①
メスリ山古墳
⑦
畝傍山
香具山
⑦
②⑧
陵山
ここだけ2体
実は3体
2-1
橿原神宮
⑥
奥山
⑤
石川山
直角
①葛城座山
⑧
大塚山

これらの山々は「大和三山」（耳成山・天香久山・畝傍山）と呼ばれ有名だが、他の山々は名前がない。考えにくいので図に各山の名を付けた（筆者命名）。

何度も出るのがメスリ山古墳で前方部の真西に独立山があり、近くて1㎞しかないが「メスリ山」と呼ばせた。他の山々は佐紀古墳群から南麓山に向かっており驚くほどに25㎞も離れている。自分の山が決まって陵墓が造られたようだ。

民は「三輪山」の「神」に拝んでいた。大王族は「南麓山群」の独立山に拝んでいた。と思われる。神社はあっても本殿はないだろう。今後、神の独立山を**磐座山**《いわくらやま》と呼びたい。ここまで見てきた山々も、それぞれが単独の「神」なんだろう。

「佐紀古墳群の決定」

実はここまでずっと、佐紀古墳群の「ウワナベ古墳」と「コナベ古墳」を並べるとき築造順を決めようがなかった。佐紀古墳群の東ゾーンには3基の古墳があり、そのうち北西の巨大古墳が仁徳（大仙）ファミリーであ

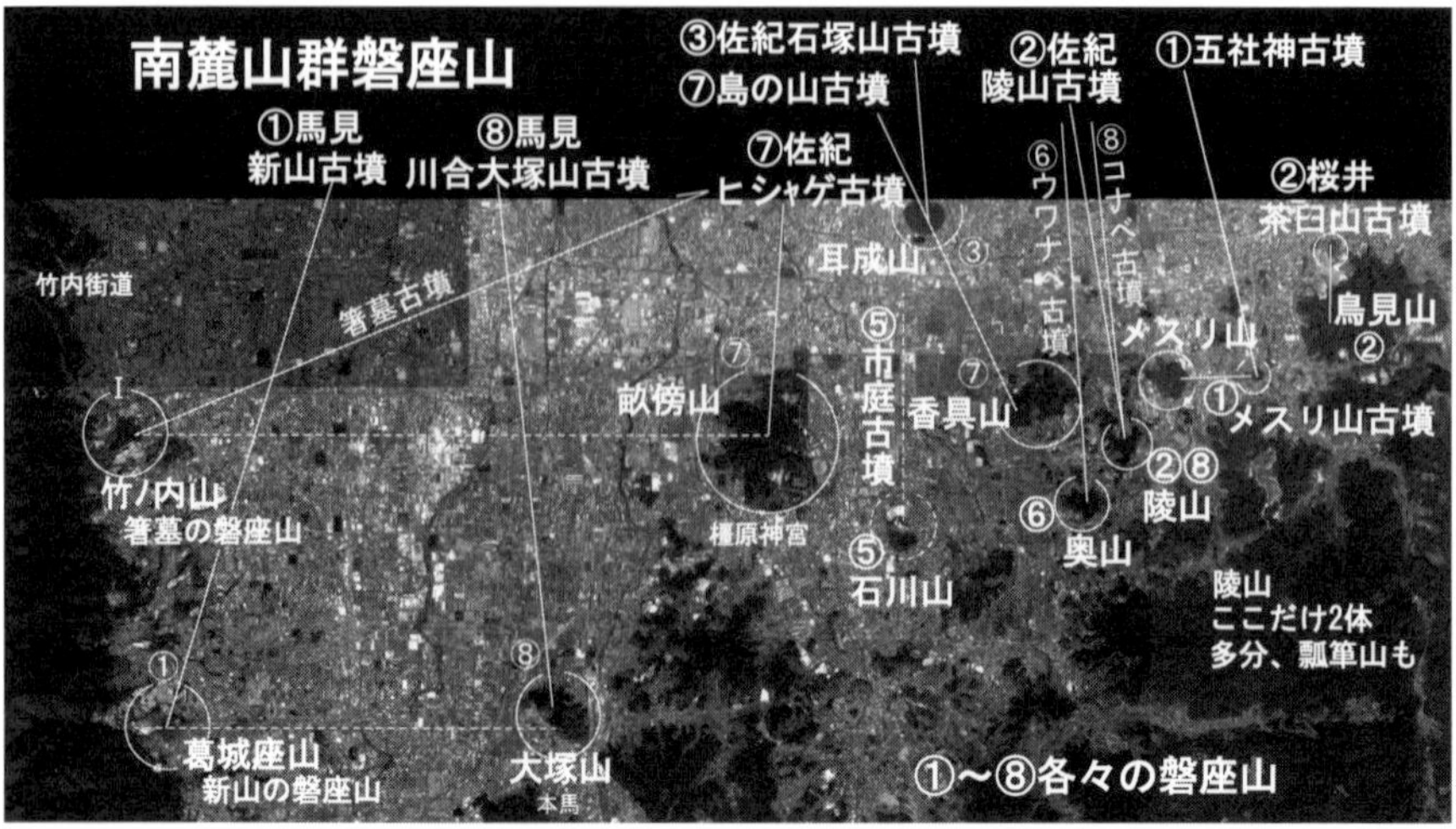

ることは、２重周濠があり美しい古墳形態でもあるので間違いなかろう。

そこで「南麓山群」の独立山々で親になる古墳を並べた。普通、ひと墳がひと山だが、コナベ古墳⑧だけは佐紀陵山古墳②と同じ独立山を選んでいた。多分、独立山が足りなくなったからだろう。よって、佐紀古墳群の最終墳は「コナベ古墳」⑧と思われる。

そうなると大きな「ウワナベ古墳」が応神ファミリー⑥と思われ、また、馬見古墳群では墳丘長も大きく形も美しい「巣山古墳」が一致した。一方、「コナベ古墳」が仁徳ファミリーから本体が小さくなり造出も増えた。ということで、合わせて安心して築造順を決めることができた。即ち、初期の８ファミリーの大王と后と大巫の被葬者が推定として確認できた。大和でも河内和泉でも分かっていない巨大古墳はなくなった。

ところで、この時、畝傍山と香具山の中央南に空間があるがラインがない。小山があるので逆に真北を見ると、なんと「市庭古墳」⑤だ。一般本の図では明治データに騙されて大きく描かれている。無視しよう。大和盆地の上下で仲哀ファミリー⑤が繋がった。先の小山には大きな池（石川池）があり、小山は独立山なので「石川山」と呼ぶことにした。河内の仲哀墳のそばの川は「石川」で、先が「石川池」、仲哀ファミリーに関係がありそうだ。

ところで、「コナベ古墳」⑧は履中ファミリーで、大王墳は「上石津ミサンザイ古墳」⑧だ。日本第３位の規模で３６５ｍと大きい。しかし「大仙古墳」⑦４８６ｍから見ると小さくなった。「コナベ古墳」も小さくなった。一方、馬見古墳群の最後が「川合大塚山古墳」⑧だが、２１５ｍと前ファミリーより大きくなった。前方部主軸先はどこかと思ったら橿原市の南先にあった（大塚山）。何があったのだろうか。大巫墳も「神」のお住まいも遠いところに行かされたようだ。

「独立山ー磐座山」

メスリ山古墳は卓型前方後円墳で前方部が卓形フラットで臨む所は真西の独立山だ。すぐ近く1㎞しか離れてない。山自体が三輪山と同じく祭祀の神（神奈備《かんなび》）だったと思われ、他の佐紀古墳群や馬見古墳群の独立山も古代の神だった。山、本体が磐座だった。

4節「垂仁体制・狭穂姫」の冒頭で、佐紀陵山古墳の後円部の周濠が佐紀石塚山古墳くびれ部にくいこんでおり理由は不明とされていた。筆者の考えでは南麓山群の「神」をお迎えしたく主軸線を合わしたかったのだろう。佐紀石塚山古墳③の磐座山が耳成山だったのだ。

大和朝廷の初期時、2基の大君の陵墓が造られた。メスリ山古墳①の前方部は卓型で、ここから独立山を拝んだと思われる。西向きで磐座山が「メスリ山」だ。また、茶臼山古墳②は柄型で南方の「鳥見山」を拝んだと思われる。山が高いため祭祀を後円部で拝んだのだろう。鳥見山本体が磐座山だった。

南麓山群と同様、磐座山だった。ということは朝廷の古墳とは陵墓であると共に被葬者が磐座山、神がそのものだったと思われる。

次、渋谷向山古墳④の磐座山は正面の築山古墳④であり、築山古墳の磐座山は渋谷向山だった。即ち、大きさは違うが同時に設計したはずだ。

次、メスリと茶臼山、この2基のみが近くて700〜800mだ。他は盆地を飛ばして何十㎞も離れている。おかげで分かった。行燈山古墳③の磐座山はなんと、生駒山の東の大きな山「松尾山」が磐座山だったのだ。大きすぎて気付かなかった。まさか、こんなに大きな島が磐座山だったとは。長さが6㎞はあるぞ。

また、倉塚古墳⑤の主軸線は大神神社方向に向いていたが、仲哀が死んだので拝むのは山ではなく神奈備とすることにしたのではなかろうか。

次、箸墓古墳と西殿塚古墳はどこを拝んだのだろう？

「磐座山のトリ」　大和朝廷のドーン陵墓

これまで見てきたとおり、巨大古墳は「磐座山」を持っていた。「磐座山」を拝していた。ここまで見ても分からなかったのが「箸墓古墳」だ。きっと何かがあるはずだ。

この前方部から主軸を延ばした。やっぱり、葛城山の麓、竹内街道が登りきったところの南方に孤独な独立山があった。真東を見れば畝傍山だ。なるほど、前方部を築造させた大巫の慧眼に拍手。箸墓古墳は円墳だったので前方部の方向は場所がどこにあろうとも磐座山に向かうことができたのだ。

この独立山は幅200m、高さ60mの小山で当然、名を持たぬ。そこで「竹ノ内山」（筆者が命名）と名付けた。ここが耳成山経由の三輪山と対応する磐座山だ。1期時代の祭祀方向はいかがだったか。多分、1期時代ではまだ磐座山の考えはなかったと思う。だが2期工事に「竹ノ内山」に向かって前方部が築造された。

本書の冒頭「巨大古墳の関連図Ⅱ」（30頁参照）に書いてある。三輪山が磐座山の本山だ。「竹ノ内山」が西の本山だったのだ。三輪山が「大物主神」であり、竹ノ内山が卑弥呼で後には「天照大御神」だった。古代の人たち誰もがこの世界に住んでいた。祭政一致の時代だった。

また、西殿塚古墳の前方部の主軸線は山に向かっていたのではなく大神神社の磐座、即ち神名備《かんなび》に向かっていたのだ。

おっと忘れてた。馬見古墳群の新山古墳だ。前方後方墳の主軸が働いていたことも確認したままほったらかしにしていた。新山古墳の主軸線の先は西南、葛城山の麓「葛城座山」（筆者命名）だった。何のことはない、磐座山の最初が新山古墳であり前方後方墳だったということは・・・。

即ち、盆地の巨大古墳のうち第1朝の王家の陵墓達は前方後円墳ではなかったのだ。箸墓古墳や西殿塚が初期では円墳だったのと同じだった。五社神古墳とメスリ山古墳の初期でも独立山、磐座山を知らなかった。円墳だった。

これにて大和盆地は終わりだ。「南麓山群」は**第4ゾーン**だった。呪術「4」は生きていた。筆者が「南麓山群」の意味が分かったのは2016・8時点だった。

8 「光丘」　古墳配置Ⅱの2　河内和泉

中期から後期へ

「古墳配置Ⅱ」を思い出すと第⑤〜⑧朝（仲哀〜履中）、上石津ミサンザイ古墳⑧までを見ており、その同時期、奈良では后と大巫の巨大古墳が築造された。ところがその後、河内和泉では大王の巨大古墳は築造されたが后と大巫の巨大古墳は造られなくなった。口絵と次図の「河内和泉古墳群東部」をみよう。巨大古墳が9基ある。仲哀から履中までの4基と、王家ではない「津堂城山古墳」を外す。すると残り4基だ。大和朝廷時代、巨大古墳の最後の部分だ。初代からここまで全てが繋がっている。

続きを見ると古墳群の主軸の向きが気になった。大和時代では主軸線は後円部から前方部方向へ「神」に向かっていたが、河内和泉時代ではそうではなかった。**仲津山**古墳⑤と**誉田御廟山**古墳⑥を見れば、主軸線は前方部から後円部方向へ向くようになった。**大仙**古墳⑦と**上石津ミサンザイ**古墳⑧はともに後方部は北方向きだ。これまで、この2基は平行だと思っていたが、よく見るとミサンザイの主軸線は大仙の周濠の西面のラインに一致している。周濠ラインと大仙の主軸は少し外れているのだ。古代人にとって遠い平行線を作るのは難しい。ということは、この2基は少しずれており長居公園に向かっていたのだ。多分、ここに神名備があった。

想像すると、大仙とミサンザイの本体が完成した頃、大仙の周濠はミサンザイの墳頂と長居ポイントを結び水周濠を完成させた。離れた佐紀古墳群のヒシャゲ古墳とともに2、

3重の水周濠を完成させた。この時代、あっちもこっちも巨大古墳の工事中、東京オリンピックみたいだ。日本中、忙しくって儲かりそうだ。

さて、次のステージ。初めの頃この4基を見た時バラバラで配置も順序も何も見えなかった。せいぜい土師ニサンザイ古墳⑨は大きいなあ、上石津ミサンザイ古墳⑧に近いなあ、ファミリーの続きだろうと思っていた。そこで土師ニサンザイ⑨の主軸を延ばした。うわ、ミサンザイ⑧の前方部中点に当たった。さらに、位置関係を見直すと逆方向の主軸線を延ばしてみると小山があった（主軸線は奈良とは逆）。うーむ、ピーンと来ますねえ。

「光丘」

そこで、この小山と近辺の巨大古墳の主軸線を当たってみた。やっぱりあった。**河内大塚山古墳**⑩と**岡ミサンザイ**古墳⑪だ。この小山に4基もの巨大古墳が向いていたのだ。この小山に名を付け「**光丘**」とした（PLゴルフ場の北部）。磐座ポイントだ。古代人にとって「神」だったかもしれない。奈良時代では「山」は1つずつだったが、河内和泉時代では複数だ。

確認すると、上石津ミサンザイ⑧、土師ニサンザイ⑨、光丘が一直線に造られていたのだ。口絵と次図参照。

ところがその後、大発見があった。変えようのない築造順が分かった。よく見ると、次の河内大塚山古墳⑩は真東を見ると仲津山古墳⑤の墳頂を通し大和川出口にピッタリ当た

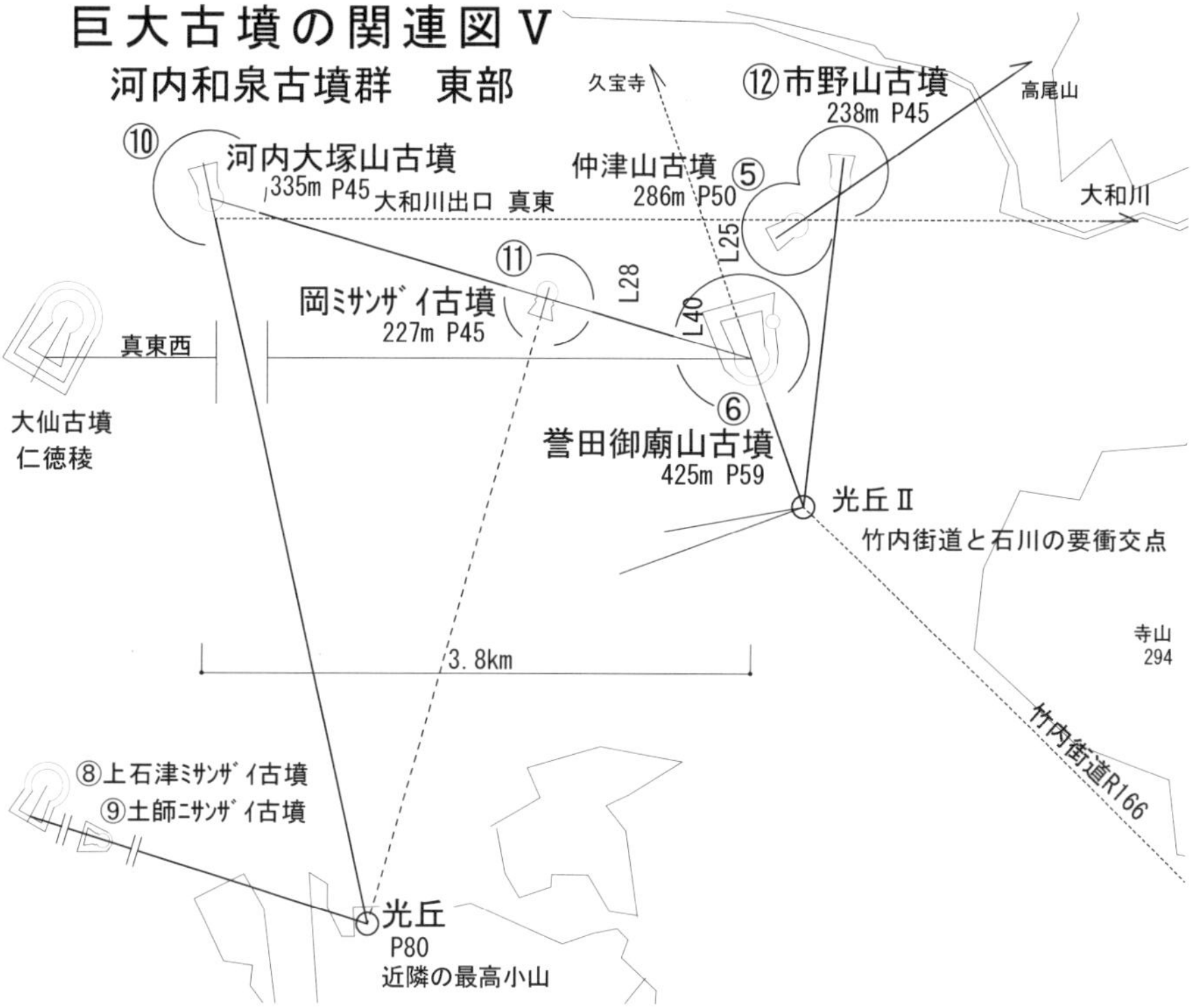

る。また、岡ミサンザイ古墳⑪は誉田御廟山⑥と大塚山⑩の墳頂同士のライン上に乗っており「光丘」に向かっていた。

土師ニサンザイ⑨と大塚山⑩は「光丘」に向かっていたが、岡ミサンザイ⑪は「光丘」から逆向きだった。さらに、先のラインに垂線になる位置を選んでいた。ウーム、すごいなあ。三角形がややこしいことになっている。

じっくり見ないと理解できない。古代人に負けそうだ。この幾何学の形はこの順番でしかありえない。

即ち、河内和泉の巨大古墳の築造順が決まったようだ。さて、「**光丘**」から逆向きとは、「記紀」によれば安康天皇⑪は奈良に陵があり即ち、本人の古墳がないということと同じ意味だと思われる。だが実際は岡ミサンザイ⑪

が安康天皇⑪の陵墓なのだ。うーん、歴史と「古墳配置」を合わせると事蹟が合致したことになるのか。何があったのか。筆者には難しい。歴史学者に任せたい。

まだあった。**市野山古墳**⑫の主軸線と、**誉田御廟山**の主軸線が石川のポイントと同じ位置だった。この後の南周りの中サイズの古墳の主軸線も同ポイントに当たった。軽里大塚古墳（白鳥陵古墳）と西浦白髪山古墳だ。曖昧にならぬよう磐座ポイントは「光丘Ⅱ」とした。この場所は地名的には「古市」だ。狭いエリアなのになぜ「古市古墳群」の名を付けたのか分からないが、雄略天皇の次とさらに次の2人の古墳は**光丘Ⅱ**のグループだと思われる。不思議なことに、ここでも大和ナンバーも「4」だった。

これで大王の巨大古墳は全て終わった。初期からここまで見てきた巨大古墳は大和朝廷の歴史と同じだった。合う数も足りぬ数もない。古代人ってすごい。私も。

各天皇の名前等は第2章末の「**朝廷**」にある。

「卑弥呼」から「雄略天皇」まで

ヤマト連合と大和朝廷の巨大古墳がまとまった。同時に「山」を含め、さらにすべての「神」が揃った。

女王、大巫、皇（大君、大王、天皇）と后が生きた時代が揃った。

巨大古墳と独立山（磐座山）、神名備も揃った。

巨大古墳の築造順と築造位置も揃った。

筆者が「光丘」の意味が分かったのは2016・9時点でした。

世界遺産

国の文化審議会は２０１９年の世界文化遺産登録を目指す候補として「百舌鳥・古市古墳群」をユネスコに推薦することに決めたそうだ。だが、百舌鳥古墳群が和泉国に、古市古墳群が河内国と別々のゾーンで、なんとか名称に「・」を付けたりしている。だが古代では一体の地域であり、古墳同士には関連があった。これらの巨大古墳は位置や方向を見ると決まった山や先に造られた古墳に向かって築造されていた。百舌鳥と古市の巨大古墳の歴史は行き来しながら一筆書きに築造されていたのだ。

「奈良の巨大古墳」も河内和泉が同時に関連を持って造られた。河内和泉の神名備は五社神古墳に関係しているようだ。こちらも世界遺産をもらったらいいと思う。意味は不明だが、誉田御廟山の主軸線も久宝寺墓苑がからみそうだ。長居と久宝寺を一直線に結び延ばすと五社神にあたる。恩智川緑地もだ。ついでに「大和河内和泉古墳群」と呼んだらどうだろう。

本書では「河内和泉古墳群」（命名２０１６・９）と書いてきた。地名か歴史名か、何がいいかと考え、結局、誰でもイメージしやすいものにしていた。余計かもしれないが陵墓すら間違っている。田出井山古墳は主軸線を見れば陪塚だ。図に「朝」番号を示したので正しい被葬者をユネスコに示してほしい。河内大塚古墳も大事にしないといけない。

２０１８・１・20

9　確定築造順　初期～第8朝廷

初代神武天皇から9代開化天皇までは、治定はあるが神話用であり古墳はない。崇神天皇から雄略天皇までの巨大古墳が実在している。これを整理したい。大王族（大王ファミリー）の巨大古墳の築造順を正確に出すことは難しい。だが古墳配置と関連をよく見ると、各古墳同士のどちらが先に築造されたかが分かってきた。

モガリの時代だったので、築造期を調整されたこともあっただろう。だが「記紀」に書かれた大王族の名前順は決まっており、築造順は変えようがない。予想だが、陵墓の位置や方向を決めるのは大巫で、神と呪術だったと思われる。「古墳配置」、「古墳リスト」、遺跡遺物調査・現地等によりヤマト体制の巨大古墳の築造順が分かってきた。

次図では「築造順」と「古墳形態の進化」を整理し「**初期巨大古墳の流れ**」を示したので、参照してほしい。

古墳同士の関係がバラバラになったものを時系列に直した。それぞれがいかなる意味か、どの順に造られたのかが分かってくる。本図では「**流れ**」と呼ぶ。卑弥呼以来のヤマト連合から大和朝廷の初頭を巨大古墳の図として整理した。古代の流れが巨大古墳を通して倭全体もしくは日本全体を理解できたようだ。これを造ったのは倭全体で日本全体の地域民も参加したと思う。

なぜこの順なのか、説明するのは難しい。古代人になったつもりでその時に合わないものを消し、理屈が合うようトライ・アンド・トライとしか言いようがない。祭祀ルールを

初期巨大古墳の流れ　タイトル記号は築造（工事）順

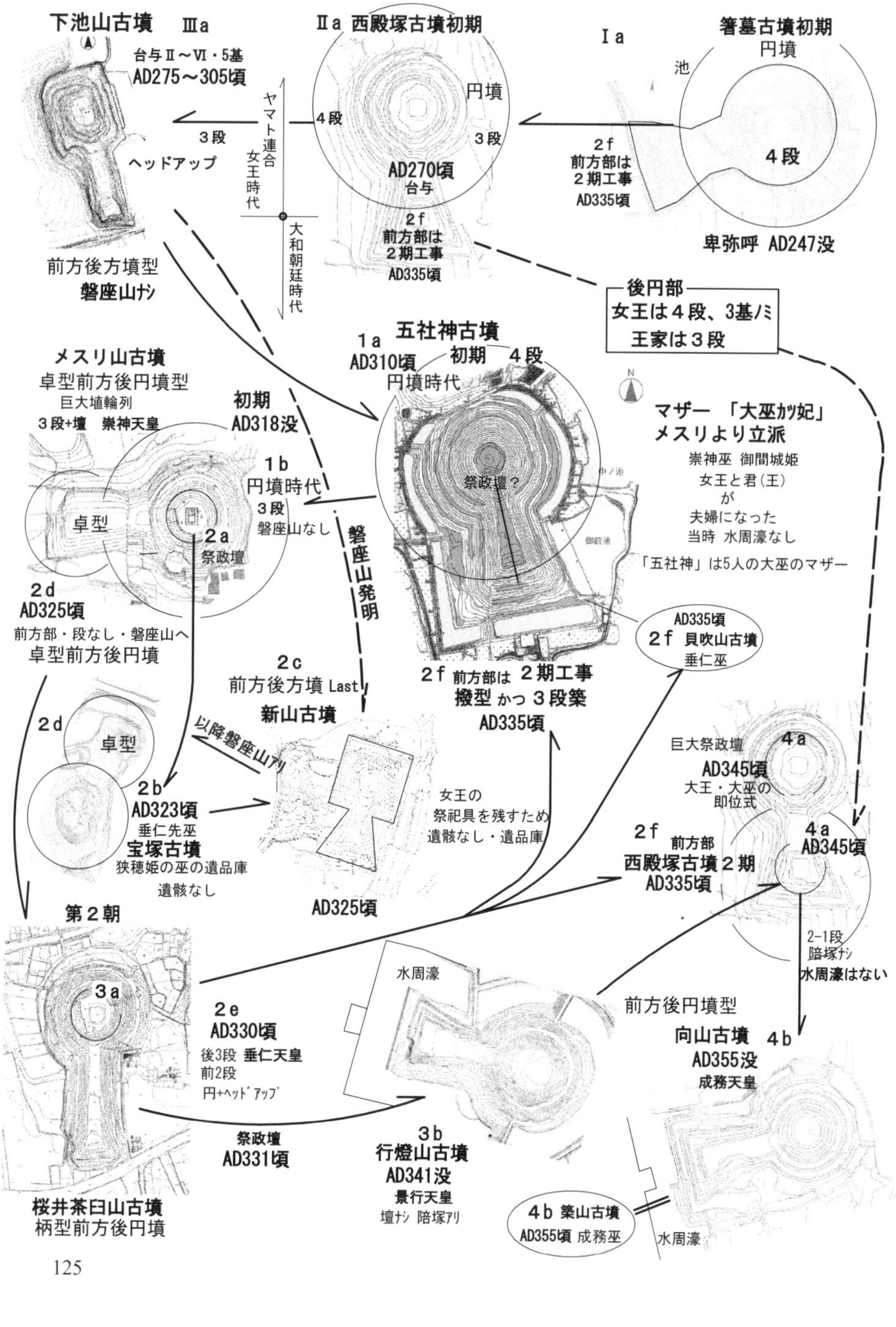

見つけるのが重要だ。・・・その後。

頑張ったぞ。どこをとっても自信を持てるようになってきた。巨大古墳は大王が勝手に造ることはなく、大巫の賛意をもって朝廷組織が日本中の活動をし、造られたのだ。

朝廷の陵墓を造るにはルールがあった。「1つの朝《ちょう》」毎に3人がセットになる。即ち3ゾーンごとに1つの古墳が造られたのだ。各墳は礼拝する神に、「磐座山」もしくは先に造られた古墳に、または他に方位や関連をもって築造された。また、初期の築造はどの古墳も一度に造られたのではなく増築されたことも分かった。

はじめ、箸墓古墳、西殿塚古墳、五社神古墳とメスリ山古墳は円墳時代があった。時が進むと、前方部や祭政壇が付け加えられた。順は実に複雑だ。なぜそうなったか。遺跡が見せてくれる形や施設から古代人の使い方や考えを想像した。

古墳デザイナーのアイデアもあった。実際に築造された古墳の変化を順にしたものだ。どの古墳を見ても勝手に造られたことはなくルールにしたがって造られたし、戦争などもなかったので歴史の流れは一筆書きのようになった。

「記紀」や新井白石より余程正しい。治定は無視。「記紀」は藤原不比等が自分が政治を行いやすいように書き直してある。そのため、「記紀」は崇神以降の天皇の**順と名前のみ**を使うことに決めた。また、順が細かく決められない場合はファミリー単位にした。個人的に「朝」が超す場合もあるかもしれないが大筋は正しかろう。

トライ・アンド・トライ

やってみた。面白くってやめられない。本文と「**流れ図**」を20～30回も書き直した。メチャ複雑だ。多分、読む人は嫌になるだろう。流れ図を拡大コピーするかまたは図を読み、本体の気になる部分を読むと良いと思う。古代人が大王族の古墳を造ったり動かしたり直したり色々だ。制度が変わり進化すれば、時が進むのみで戻ることはない。この絵は卑弥呼没２４７年から第４朝成務天皇没３５５年の98年間だ。被葬者名も分かる。

考古学的に調査された古墳の形態を進化として読み出すことに集中した。古代人が何故そうしたかを読み出そうとした。大和朝廷第４朝まで、形態の変化が大きいので合わない部分は見やすかった。ルールが合わなければ即、修正する。チェックするところは後円部の築段数、前方部の撥型、ヘッドアップ、祭政壇、即位壇、水周濠等だ。最後が磐座山だ。

進化した部分を組み合わせると、後円部が円墳だった時期があったことも分かってきた。古代人が祭祀と政務で欲しがったことも見えてきた。１つの図に複数期があることもある。

「流れ」の図の表示は「**Ｉ**」（ローマ数字）や「**１**」（アラビア数字）は「朝」で、アルファベット小文字は順だ。図中の年次は誤差はあるかもしれないがいい加減ではない。書く順は築造順とした。表示は「流れ図」と同じだ。また、自分が理解しやすくなるするためマークを付けた。

凡例　「**Ⅰ・Ⅱ・Ⅲ**」：大和朝廷以前　「**1〜12**」：「朝」

「**a〜**」　：順または変化、　または同時代
皇、后、巫　：**皇**「大王　スメラ」、**后**「妃」、**巫**「大巫」　だ。

大和朝廷では雄略天皇までのこの図にない古墳は全て「前方後円墳」だ。

巨大古墳はここから始まる。

この1行目すら信用できない方は、ヴェゲナーのプレート・テクトニクスと同じで50年経っても理解できないだろう。難解だ。がんばれ。「**陵ニクス**」と呼ぼうかな。ハハ。

A「円墳（後円部）」時代Ⅰ　1〜2期

Ⅰa．**箸墓古墳1期工事**　**円墳4段築**　径150m　高30m
図「初期巨大古墳の流れ」　最右上からスタート。
卑弥呼　女王　247没
未だ日本中、どこにも巨大古墳はなかった。平坦地を掘って盛り上げた塚だ。
根拠：最古の巨大古墳。「径百余歩」、『魏志倭人伝』が書かれた事蹟に一致。
多分、卑弥呼は老死。倭中の人々、ヤマト連合の人々が自主的に造った。

B「大和《おおやまと》古墳群」　ヤマト連合時代　即ち、女王時代

順の根拠：実際の古墳群があり時間が必要だった。

Ⅱa．**西殿塚古墳1期工事　円墳4・3段築**　径140m　高16m

台与　女王　AD270頃

根拠：前方部と後円部に段築がつながらない。円墳4段築は初3基のみ。

30年くらい円墳のまま。女王たち「台与Ⅱ～Ⅵ」の時間が必要。

Ⅲa．**前方後方墳　5基**　＝「台与Ⅱ～Ⅵ」女王

流れ図上部左　前方後方墳5基だが「下池山古墳」を代表とした。

墳長65～140m

Ⅲa．**円墳　7基**　径32～70m　7基、

女王の親、台与の親と御間城姫の親を外すと同じく5基。流れ図にナシ。

朝～．**前方後円墳　12基**　実は後の時代にヤマト体制が造られたものだがここに書く。

①崇神～⑫雄略　各1基　～⑧は大巫の親、～⑫は后か？

C「ヤマト体制」　大和朝廷時代の始まり

まだ、ヤマト体制としての古墳形状が決まっていなかった。「垂仁天皇‐狭穂姫没」事件以来「朝」毎に1ファミリーがあった。モガリ時代なのでファミリー内の順は一般的とした。

凡例　**倭**：大倭古墳集団　**馬**：馬見古墳群　**佐**：佐紀古墳群。

第1朝

D「円墳（後円部）」時代の続き　磐座山はまだ働いていない。

1a.　**五社神古墳1期工事　円墳4段築**　径190m　高27m　佐①
＝御間城姫　崇神①の后かつ大巫（前方部は2期工事・第2朝）。
後円部が真円（1期工事）。主軸線がメスリ山古墳に向かう（2期工事）。順の根拠：円墳4段築は箸墓と西殿塚と本墳の3基のみ。奈良では後円部径は最大、箸墓径150m・メスリ山径128mより遥かに大きい。第1朝では女王が大巫かつ妃に変わった。女王時代から大和朝廷時代に変わった瞬間だ。佐紀古墳群中の最高標高墳。前方部は撥型であり、茶臼山古墳はプリミティブ。ということは前方部はまだ造られていなかった。撥型と造出の発明はずーっと先だ。

1b.　**メスリ山古墳1期**　倭 皇①　**円墳**　径128m　高19m（卓型前方部は2期）

（例　倭：倭古墳集団　**皇①**：大王1代）

熊野王（狗奴）＝崇神大君①　318没　後円部**3段**＋壇。「メスリ山-崇神」参照。

現在、巨大前方後円墳であるが、第1朝では実は円墳だ。卓型前方部をわざと造ることはない。奈良では最高標高。埋葬施設が造られ、その上に超巨大埴輪列がある。2代大王の即位式用だろう。副室は武人的遺物多量。

順の根拠：五社神古墳（皇后）の主軸線が本墳に向かっている。即ち、本墳はゴサシ2

期工事よりも早い。第1朝の大王の陵墓だ。

第2朝

2a.　**メスリの超巨大埴輪列**

垂仁天皇の即位式用。結局、第1朝の大王の即位式用の古墳はなかった。御間城姫も。もしかしたら纒向遺跡に神殿が見つかるかもしれない。

2b.　**宝塚古墳1期**　馬　遺品庫　**円墳**（卓型前方後円墳）　１１１m

新山と貝吹山古墳のライン上に乗っている。溝型くびれ。

人棺なし　　先垂仁大巫が入替え＝「狭穂姫没」、先巫の遺品庫。

順の根拠：卓型前方後円墳で形態がメスリ山古墳と同じ。前方部はゴサシ1期以降。

2b.　**佐紀瓢箪山古墳**　先后　96m

垂仁の狭穂姫の古墳、琴柱型遺物　前方部に小規模粘土施設

佐紀・馬見古墳群、ともに１００mサイズ、径60m

＝狭穂姫の陵墓　　（卓型前方後円墳ではないか?）図にはナシ。

順の根拠：歴史的に崇神没と狭穂姫の没時は5年差。

E　**磐座山**を発明　磐座山が働き前方部が築造された。まだ撥型はない。

2c.　**新山古墳**　馬 巫①（馬見古墳群、大巫、第1朝の意味）　前方後方墳

女王時代が大和朝廷へ進化した。「**遺品庫**」だったのだ。人棺なし。

位置：三輪山の西方向。側主軸線は耳成山の墳頂へ。前方後方は垂線。主軸線は葛城座山（独立山、磐座山、南9㎞西麓）に向かう。

第2朝から磐座山の祭祀が働き始めた。先に造られた前方後方墳には磐座山がないので新山古墳の磐座山が嚆矢だ。石室は遺品庫で多数の鏡他を遺した。このためにだけこの古墳を造った。祭祀は重要だった。

順の根拠：大和朝廷の唯一前方後方墳。最後の女王が妃かつ大巫マザーになり、古い祭祀具を竪穴式石室に残した。これにより、大和朝廷なのに新山古墳が前方後円墳ではなかった理由が分かった。同時に、出雲では出雲式の祭祀具を埋めた。すごいでしょ。多分、事実だと思う。

F　**卓型前方部を増築**

2d.　**メスリ山古墳2期**

「メスリ山」を磐座山と確定、「鳥見山」の方が立派。**宝塚古墳2期**は狭穂姫没のため磐座山はない。佐紀瓢箪山の磐座山は「陵山」だろう？

2d.　**西山古墳**　後円付前方後方墳　3段築

大王族ではないが古墳配置にからむ。

主軸が佐味田宝塚古墳、倉塚古墳にライン。全長１８３m
物部氏。『古事記』の忠臣「建内宿禰」の役目的。流れ図ナシ。

G　前方後円墳時代

2e.　**桜井茶臼山古墳**　倭　皇②　柄型前方後円墳　墳長２０８m

熊野王Ⅱ＝垂仁大王②

順の根拠：柄鏡型で小ヘッドアップ。磐座山が鳥見山に当たる。形態がプリミティブ。撥型前方部はまだ。祭政壇は垂仁棺の祭祀が終わってから。

H　撥型を発明

2f.　**佐紀陵山古墳**　后②　日葉酢媛　半周濠

主軸は南麓山の東部の「陵山（磐座山）」方向へ向いて築造された。多分、独立山はメスリ山に近かったからであろう。

順の根拠：墳長が茶臼山古墳と同じ２０８m。撥型前方部が小さい。先妃の佐紀瓢箪山古墳の西隣。佐紀古墳群は

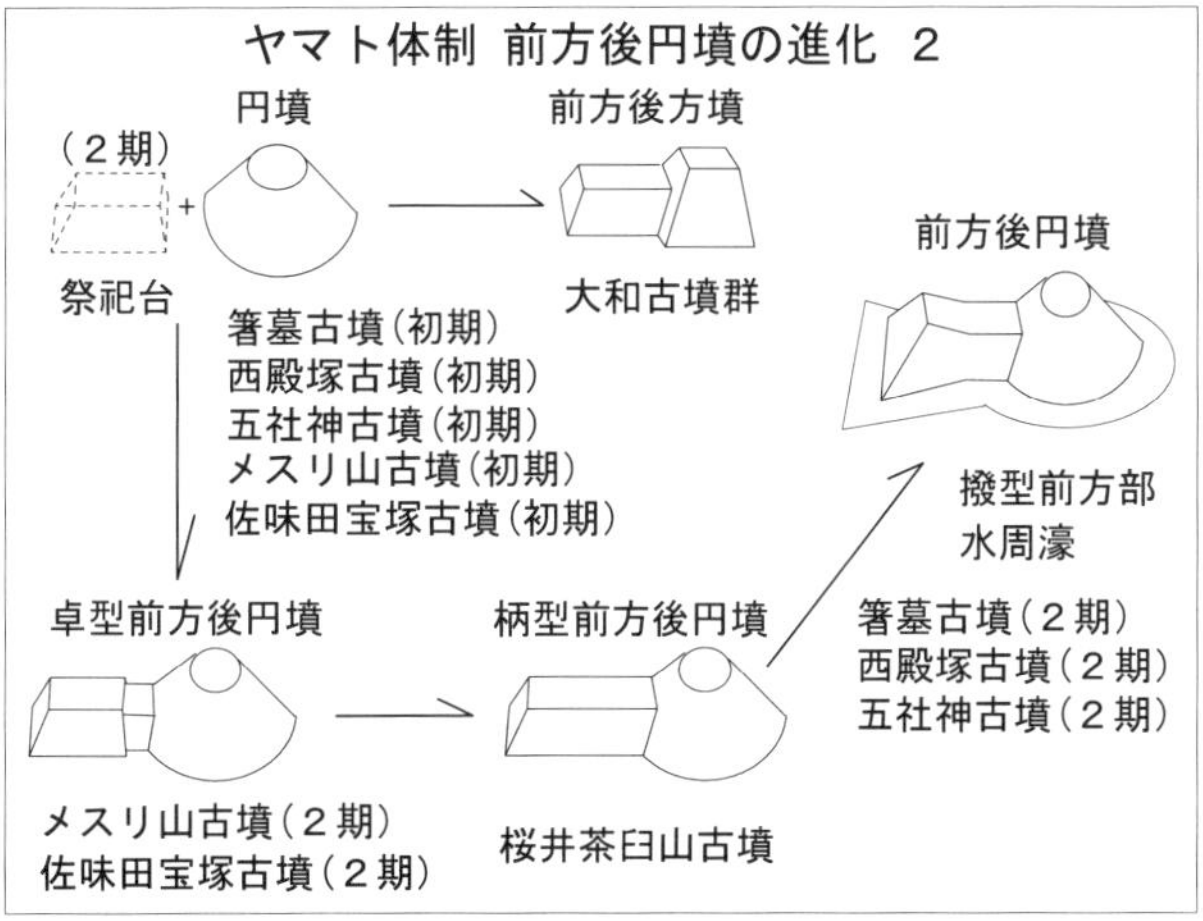

全墳が自分の磐座山を決めており、それに向かう。

2f. **五社神古墳2期**　佐①　前方部増築

前方部3段築　撥型大＋造出　ヘッドアップ

マザー大巫として子墳に祭祀を受けた。前方部はメスリ山古墳を磐座山に向かう。

順の根拠：前方部が撥型、貝吹山古墳と同時築造した。第1朝の大巫は崇神の妃でもあった。また、馬見古墳群の5墳がラインで結ばれている。造出を発明。親子ラインの祭祀場所だろう。五社神古墳は大巫の親墳で、ゴサシとは五人の神（大巫）の社だった。

2f. **貝吹山古墳**　馬　前方後円墳　巫②　主軸ゴ向

3段築　周濠なし　凡例　ゴ：ゴサシの関連

撥型＋ヘッドアップ　美形。現在不明とされている。

順の根拠：新山古墳・宝塚古墳と同ラインに乗っている。

本体の主軸線は五社神古墳へ、同時築造。両墳の西側にのみ造出。親子巫。

2f. **西殿塚古墳2期工事**

前方部築増　南　磐座向き「大神神社」

順の根拠：前方部が撥型、ヘッドアップ。祭祀壇はまだ。

2f. **箸墓古墳2期工事**

前方部築増。水濠ができてみれば美しかった。大巫の呪術が民の心に合わせたのだろう。

順の根拠：次墳になる行燈山古墳が水周濠を持つようになった。箸墓を見たからだ。

前部の方向の意味が分からない。前方部には祭祀施設もない。大王的でもない。何かおかしい。・・・（後に発見、お楽しみ！）。

と、一時書いていたが編集上、分かってしまった。前方部は祭祀施設がなかったが葛城山の麓に竹内街道を上りきった独立山（磐座山）に向かって前方部が造られたのだ。1期から見ると約90年後、竹ノ内山に向かって主軸をもった古墳に変身した。

第3朝

3a.　**茶臼山古墳②　祭政壇**　景行天皇③（と成務天皇④）の即位式祭政壇　10×13m

I　**水周濠を発明**

3b.　**行燈山古墳**　倭　皇③　12景行

位置は西殿山古墳の南。

順の根拠：主軸は松尾山（磐座山）へ。

水周濠を大和朝廷の条件に加える。ここまで大和朝廷の巨大古墳には水周濠がなかった。というより意識していなかった。築造で土を盛るため池が掘られた。水の修景が見たのは箸墓古墳だ。その後、ヤマト体制作りを進めた時、葺石の美しさと水の静謐が大和朝廷のシンボルとして整備された。結果、山の修景と池の修景が一致し美しい場所になった。

3c.　**新木山《ニキヤマ》古墳**　馬　巫③ゴ　太水周濠あり。
順の根拠：位置は新山古墳の真北、主軸線は行燈山古墳へ、五社神を拝す。

3c.　**佐紀石塚山古墳**　后③　八坂入媛　細水周濠あり。
順の根拠：2f佐紀陵山古墳の西隣、磐座山は耳成山。

第４朝

4a.　**西殿塚古墳３期工事**
大祭政壇が2カ所とは？　成務皇④と成務巫④が同時即位式か。
渋谷向山古墳④と築山古墳④同士が同主軸線を向いている。同時築造しか考えられない。
広くて高い祭政壇が後円部と前方部に造られた。この壇は不明とされているが、埋葬施設ではないと思う。大王と大巫の即位式を同時にしたのだろう。他に祭政壇はないので西殿塚のものがずっと使われたと考える。

4b.　**渋谷向山古墳**　倭　皇④　成務　355没記
位置は西殿山西際の真南で景行大巫の新木山古墳③から真東。
主軸を竹内街道へ決めたがこれだけでは神がない（必要）。そのため、次の築山古墳と主軸線同士を向かい合わせにし同時に築造したと思われる。山と同様古墳は「神」なのだ。
順の根拠：向山古墳と築山古墳の主軸線が一致。お互いが磐座山。同時築造。

4b.　**築山古墳**　馬　巫④ゴ　向山と同時築造
位置：向山主軸線と新山古墳主軸線の交点。

順の根拠：同右。主軸線が向山古墳向きに、五社神を拝す。以降、流れ図にはナシ。

4c.　**宝来山古墳**　佐　后④

順の根拠：主軸線は向山古墳へ。成務ファミリー。

古墳は地上に書かれた事蹟

向山古墳・宝来山古墳・築山古墳の三角形ラインは地上に書かれた事蹟だ。成務天皇・その皇后・その大巫の３人が同時に生きていたことの記事を地上に見せてくれている。しかし現在では「記紀」に載せる成務天皇の事蹟は、「他の天皇のそれに比して極端に文量が少なく、史実性には疑い」といわれている。これは間違い。成務天皇は「姓《かばね》」を開始したと言われ、また「成務」と言われるほどの活動人のはずだ。『古事記』の文脈がなんだか変だ。多分、『古事記』の起草文では成務天皇の記事は十分書かれていたが、不比等本人が最後に外したと思われる。筆者の予想だが、伊勢を垂仁時代と書いたため、起草文の成務時代部分に伊勢の事蹟を消す必要があった。歴史学者が確認してくれればうれしい。

大王陵は河内和泉へ

ここからは大王の陵は河内和泉に造られ、一方、后と大巫の陵の主軸方向は奈良盆地のままだ。巨大古墳の向きは奈良盆地の全てと河内の1基目までは前方部向きに造られ、大王墳の主軸方向は後円部向きに変更された。仲哀が死に呪術の神が変わったのかもしれない。多分、河内和泉では磐座山になる独立山が地形的に数がないからではないか。または

4つ関連する神名備が欲しかったのか。

第5朝　河内和泉　古墳　中期

歴史によれば仲哀大王⑤は九州で没し、モガリの後に畿内に戻った。どれも古墳が小さくなった。朝廷全体に元気がなくなった。当然だよね。

5a.　**仲津山古墳**　河　皇⑤　14仲哀　小２８６m　３６２没記

渋谷向山古墳（成務）３０２mより小さくなった。

順の根拠：奈良に近い。位置が大和川出口の真西。

磐座山を後円部向き。奈良とは逆方向。

5b.　**市庭古墳**　佐　后⑤　後円部１０５m（のみ）　高13m（図測）　考古学間違い。

順の根拠：南真正面に磐座山「石川山」がある。倉塚古墳⑤と同サイズ。水周濠なし。

5b.　**倉塚古墳馬**　巫⑤ゴ　小１８０m後円部90m

新木山古墳↓五社神へのラインに乗る。主軸は磐座（大神神社）三輪山へ向かう。

順の根拠：新木山古墳が五社神に向かうラインに乗る。第４朝の築山古墳より小さくなった。それでも１８０m、大きい。径１０６m　高13m。

第5朝では3基ともサイズが変化した。どれをとっても4朝からは小さくなり、6朝には大きくなった。また后ファミリー墳群が独立した。大巫は五社神ファミリーのままだ。

政変などはない。多分、大王が没したので朝廷の政治力も財力も小さくなったのだろう。

第6朝〜8朝　以降は前節に近いので省略。

6朝　誉田御廟山古墳　河 皇⑥ 応 神→**ウワナベ古墳**　佐 后⑥→**巣山古墳**　馬 巫⑥ゴ
巣山古墳と五社神古墳の西側にのみ造出。

7朝　大仙古墳　泉 皇⑦ 仁徳→**ヒシャゲ古墳**　佐 后⑦→**島の山古墳**　馬 巫⑦
システム変更　大王・皇后の主軸方向が独立に変わった。后・大巫の陵は「大和三山向き」、五社神向も以降中止。

8朝　上石津ミサンザイ古墳　泉皇⑧ 履中→**コナベ古墳**　佐后⑧→**川合大塚山古墳**　馬巫⑧

島の山古墳⑦
順の根拠：主軸線な香具山の頂から耳成山の頂へのラインを延ばしたもの。位置は大和川の支点。香具山が磐座山。耳成山の磐座は既に石塚山に使われていた。

川合大塚山古墳⑧の順
根拠：島の山古墳と形態が似る。本体は西北で磐座山ははるかに離れた「大塚山」だ。その西に磐座山「葛城座山」があり本墳とライン同士は直角になる。３km×18kmの直角三角形、巨大だ。ナスカよりもでかい。「葛城座山」は大和朝廷の初期「新山古墳」だ。これと卑弥呼の磐座山「竹ノ内山」が並んでいた。

古代人の感覚と現代人の感覚は全く違うようだ。驚くばかりだ。后陵・大巫陵の巨大古墳は終わった。ヤマト体制の終焉。政治が安定した。

巨大古墳 後期

「大王時代」、巨大古墳はこの４基のみ。

9朝　土師ニサンザイ古墳　皇⑨　２８８m　18反正　４３７没記

順の根拠：8a.「上石津ミサンザイ古墳」の底辺と「光丘」のラインに乗る。

10朝　河内大塚山古墳　皇⑩　３３５m　19允恭　４５４没記

順の根拠：位置は大和川出口の真西。主軸は「光丘」へ。

11朝　岡ミサンザイ古墳　皇⑪　２４５m　20安康　４５６没記

順の根拠：位置は河内大塚山古墳と誉田御廟山古墳を結ぶラインに乗る。主軸は「光丘」へ。

12朝　市野山古墳　皇⑫　２２７m　21雄略⑫　４８９没記

順の根拠：位置は仲津山古墳近隣。主軸は「光丘Ⅱ」へ。

上石津ミサンザイから以降13朝まですべて大王だ。８朝以降、磐座山に向かう自身の主軸線を使うことが継承し続いている。

11朝までの４基の主軸線が「光丘」に向かっていた。次の４基も「光丘Ⅱ」に向かっていた。以前磐座山に向かっていたが、河内和泉から神奈備に変わった。

少し戻すが、大和古墳群の前方後円墳も大巫の族から変わった。残りも「４基」で多分、后の陵墓だったのではなかろうか。

奈良ではその後も巨大古墳が造られた。大和朝廷の陵墓は日本全体が国家事業として造られた。ということはここまで書いてきたヤマト体制の大巫・皇・后の巨大古墳も国家事業だったと思われる。

大和ナンバー「４」は不思議なまま続いていた。築造順も終了。

第4章　事実と歴史　Ⅱ

筆者にとって「歴史」とは何か。知っている過去の事実だとすれば、正しいデータが増えれば正しい歴史に近づく、見つければ歴史（説）も変わると考える。そこで以下の古代の不思議を見よう。

1 倭の女王「卑弥呼の国」と「台与」は何処か、女王になったのか
2 「邪馬台国」は何処か、「狗奴国」は何処か
3 卑弥呼没の内戦とは何か
4 出雲の内戦とは何か
5 なぜ出雲国に一宮が2つもあるのか

1 『魏志倭人伝』

当時の日本列島にいた民族・住民の倭人（日本人）の習俗や地理などについて書かれている。著者は西晋の**陳寿** 233年生-297年没。陳寿の死後、中国では正史として重んじられた。卑弥呼は247年没。『古事記』や『日本書紀』では『魏志倭人伝』の記事を

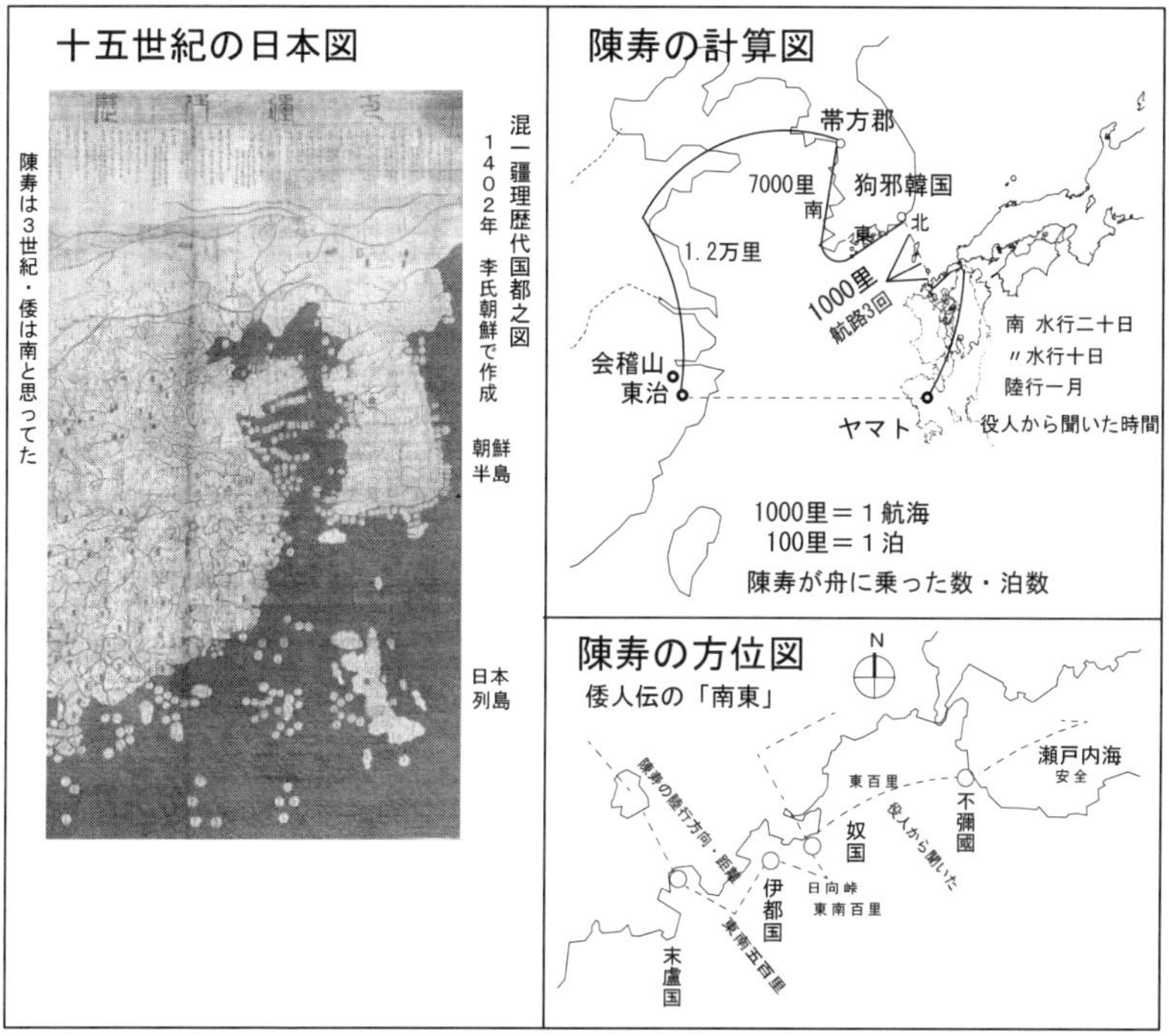

知っているが「卑弥呼」の名を消してある。『倭人伝』を見ていたのにアマテラスが神でないと天皇体制の統治者は卑弥呼が人では困るのだ。倭では「ひみこ」と呼ぶと「日巫《ひみこ》」だ。漢文だと発音記号（当て字）で「卑弥呼」だ。陳寿の決め方は1文字が1音だ。

左図　明代初期の地図
地図を見れば分かるように15世紀になっても朝鮮・中国人は倭国は半島の南と思っていた。陳寿が倭に来たのは3世紀、中国も半島も当然「南」と思い込んでいた。

右上図　陳寿の「会稽東冶の東」
水行では距離が分からない。陳寿はヤマトから郡までの距離を「万二千余里」と書いている。筆者が東を南に描いてみると水行二十日、水行十日の図になった。

陳寿は自分が持っていた地図を見ながら執筆を進めたようだ。当時、倭では文字も距離数もない。郡から「万二千余里」を地図で計算し、「会稽東冶の東」（福建省の福州市）と書いた。ヤマトの位置を説明するため「会稽」は誰でも知っている。そのため陳寿はこの地名を使った。「東冶」は現代でも使っている。または故事の事跡により「会稽山」を使ったのだろう。

陳寿のヒアリング

陳寿は当初、自分で倭への旅を進めながら紀行文を書いたようだ。実に名文だ。役人が書ける文章ではない。だが「伊都国」までだ。急に活き活きした紀行文が堅くなってしまった。以降、自分では行かなかったようだ。

右下図　末盧國から『魏志倭人伝』「**東南**陸行到伊都國」「東南至奴國」と書かれているが実際には北東だ。ということは、日本は南と思い込んだまま、ここまで自分で歩いてきたので「東南」と書いたようだ。陳寿、しっかりしろよ。磁石を持ってなかったようだね。前頁の地図を90度回すと「**東南**」が「北東」になる。「東行至不彌國」は役人ヒアリングで、実際どおりに「東」を書いた。瀬戸内（多分、苅田か）へ陸行したのだろう。

「南至投馬國水行二十日」とは、図のように北九州から南へ（実は東へ）船で20日、投馬国（多分、鞆・吉備）だ。これも、本文は中国人の役人から聞いた話だと思われる。以降、水行十日陸行一月で「邪馬台国」へ。自分で行かずに方位を間違ったままだった。「狗奴国」が南だというのも役人から聞いた話だろう。狗奴国は邪馬台国の南方にあった。即ち、奈良の南だ。一方、女王国より北（実は西）の国々も21カ国の国名も書いた。「次々」と国名を続けたのは「万葉かな」あらず「中華かな」で聞きながら書いたからだ。「**奴国**」は二万余戸もあり陳寿が間違うことはありえない。「奴国、ここが女王の境界が尽きるところ」と書いた。ということは邪馬台国が近ければ書かない。遠いということだ。

また、『倭人伝』では陳寿が書く数字は人でも距離でも何でも一桁で、一割から十倍以上でも平気だ。それを計算するのは無理だ。「百歩」とは精々50ｍから２００ｍくらいだろう。『倭人伝』では思い込んだ「南」の一文字のみがおかしい。役人から聞いた方位は正しい。

狗奴国

卑弥呼が死んだ。多分、老死だ。あらためて男王を立てたが国中が服さず、お互いに殺し合った。この時千余人が殺された。狗奴国の地域は広い場所もなく森が深いためヤマト連合も戦に勝つことができなかった。それ以上に倭人は平和が好きなのだ。現在も。

再び、戦ではなく卑弥呼の宗女の台与という13歳を立てて王とし、国中はやっと治まった。即ち、狗奴国もヤマト連合に入った。台与がヤマト連合全体の女王となった。第３章の「女王時代」を見れば台与の後継も女王で５朝があったようだ。進むと女王時代からヤマト体制時代になり、女王は大巫女となり、また大王が決まった。

『古事記』に書かれたように「イワレヒコ」はヤマトの「南」のクニを通ってやって来たのだ。いや、南のクニの王が来たのだ。藤原不比等は狗奴国王と書けず、アマテラスと日向から大和への神武東遷神話が必要だった。中国人にとっては「熊」が「狗奴」と聞こえたのだろう。または、和銅6年（713）の「好字二字令」により2文字にする必要があり「狗奴」が「熊野」になった。こっちだね。

一方、出雲ではヤマトとの小戦の後「**国譲り**」となった。出雲の王「大国主」は「出雲大社」をもらい、また**三輪山**の神、即ち倭の神「大物主」となった。出雲の神から全倭国の神になったのだ。ヤマトの政治とし攻めて行ったのは「熊野」王たるヤマト連合だ。出雲を抑えるために「熊野大社」が造られた。現在でも「日」の伊勢に対し「火」の大社だ。一般の熊野神社は紀伊を含め平安時代以降で、本来の「熊野大社」は出雲国にある。三重の熊野国はヤマト連合に入っていたのだ。

こうしてヤマト体制は「ヤマトの大巫、出雲の神、熊野王」が集まり、三輪山は3つを和した名となった。そして残る皇后は大連臣らの子が妃となった。

こうしてヤマト体制の初代が「**ヤマト崇神朝**」となり朝廷が生まれた。この時がヤマト体制即ち大和朝廷が出来た時だ。祭政一致した時代、ヤマトでは千人もの婢がいたと『魏志倭人伝』に書かれている。「婢」とは卑弥呼の「ヒ」、即ち「倭国」全体に多数の「婢」を侍《はべ》らせていた。全国の「巫女」、即ち「弥呼《みこ》」を使って全国の人々を動かしていたのだ。千人とは各地の侍女（子巫《こみこ》）が女王に授術してもらうため大和センターにやって来たのだ。

日本中の前方後円墳を喜んで造ったのは「大巫」を信じた人々だった。

崇神朝以前では大王の巨大古墳はなかった。大和古墳群の円墳は女王の親だろう。一方、初代大王には陵墓を造った。その時、陵墓は出身地の近い場所を選んでもおかしくない。

狗奴国は邪馬台国の南、即ち奈良の南、吉野か熊野あたりであり、崇神の陵は狗奴国に近い所、かつプリミティブな形態をもった古墳、即ち「メスリ山古墳」か「茶臼山古墳」かと思われる。

「ヤマト」なる言葉

旧石器時代でも「ヤマト」と呼ばれていた。と思う。言語を見ると世界中でも語彙は変化する。江戸時代のことでも、もう随分変わってしまった。だが、地名は変わりにくい。USAが統治しても和名だ。アフリカからサピエンスがたどり着いた時から、原日本人は「**や**」と呼んでいただろう。列島では初期、各地で「やまと」とオーストロジア風に呼ばれていただろう（多分、Y-DNA C1オーストロジア3万年前）。

奈良のことだ。各地では「山門」と呼ぶが、奈良のことではない。

そのうち日本中で「**大和**《やまと》」と呼ばれた（奈良）。縄文時代でも、弥生時代でも、古墳時代でも、江戸でも今も、さらに未来でも「YAMATO」だ。

「邪馬台」は陳寿的に読めば「ヤマト」で、日本的に「ヤマタイ国」と読むのは間違い。便利だけど。「山-所-処（ヤマト）」の古代人の発音も現在の発音も多分、ほぼ同じではないか。新井白石も「倭言葉」を研究すれば、間違わずに済んだと思う。「邪馬台国は滅亡し・・」と書いた書物があった。大間違い、文字は変わったがヤマトも歴史も連続していた。邪馬台、倭、大和、大倭、ヤマトは律令国名だ。永久に滅亡しない。

2　大巫の鏡

「家屋文鏡《かおくもんきょう》」　佐味田宝塚古墳

「この鏡は、奈良県佐味田宝塚古墳から明治14年に出土したものである。鏡背には、それぞれ異なる四棟の建物を描いており、日本製の鏡（倭鏡）であると考えられている。このような文様を鋳出した鏡は他にはなく、唯一本鏡のみである。また、本鏡は考古学だけでなく、建築史や美術史などの分野においても極めて有名な鏡である。竪穴住居、高床住居、平地住居が描かれている。古墳時代の首長居宅における建物群との関連も指摘されている。また、建物以外にも蓋（きぬがさ）・鶏・雷・樹木などが表現されており、考える上でも重要な鏡といえる。この四棟の建物を何と見なすかについては諸説あるが・・・」

（宮内庁ＨＰより）

この鏡を持っていた「佐味田宝塚古墳」は特殊な古墳だ。この鏡はヤマト体制「2代垂仁の先大巫」の持ち物だった。『古事記』を見ると垂仁を殺そうとした狭穂彦の妹「狭穂姫」が死んだ。そのため、先の大巫は次の大巫に変わった。また、大巫の呪術もしくは祭祀の鏡は内行花文鏡が重要なのだが、宝塚古墳の遺物に内行花文鏡がなく代わりに家屋文鏡を残した。狭穂姫事件が実際に起こったことは悲しい。

「**民**」も重要で大きく描かれている。大王他よりも「民」も平和を祈ったようだ。

「垂仁ファミリーの鏡裏」　筆者案

左上：蓋（きぬがさ）に建物、**君と妃の宮**
　宮殿　ピロティまたは倉庫
　大巫と王を同意したのは「臣《おみ》」と「民」
左下：高床住居　大きな屋根　大巫女の神殿
　鬼道の神殿・神社　下はピロティまたは倉庫
　女王（前方後方墳）から大巫（前方後円墳）
　に変身
右上：平地住居　臣・官・副・長・司・貴族
　政務の庁　首長の時代　もう豪族はいない
　「倭国の政務を作成・決定者」
　連《むらじ》＝首長は地方をまとめる・前方後円墳・巫
右下：竪穴住居　**民の家**
　煙　豊か　棲家　希望

「垂仁ファミリーの鏡裏」

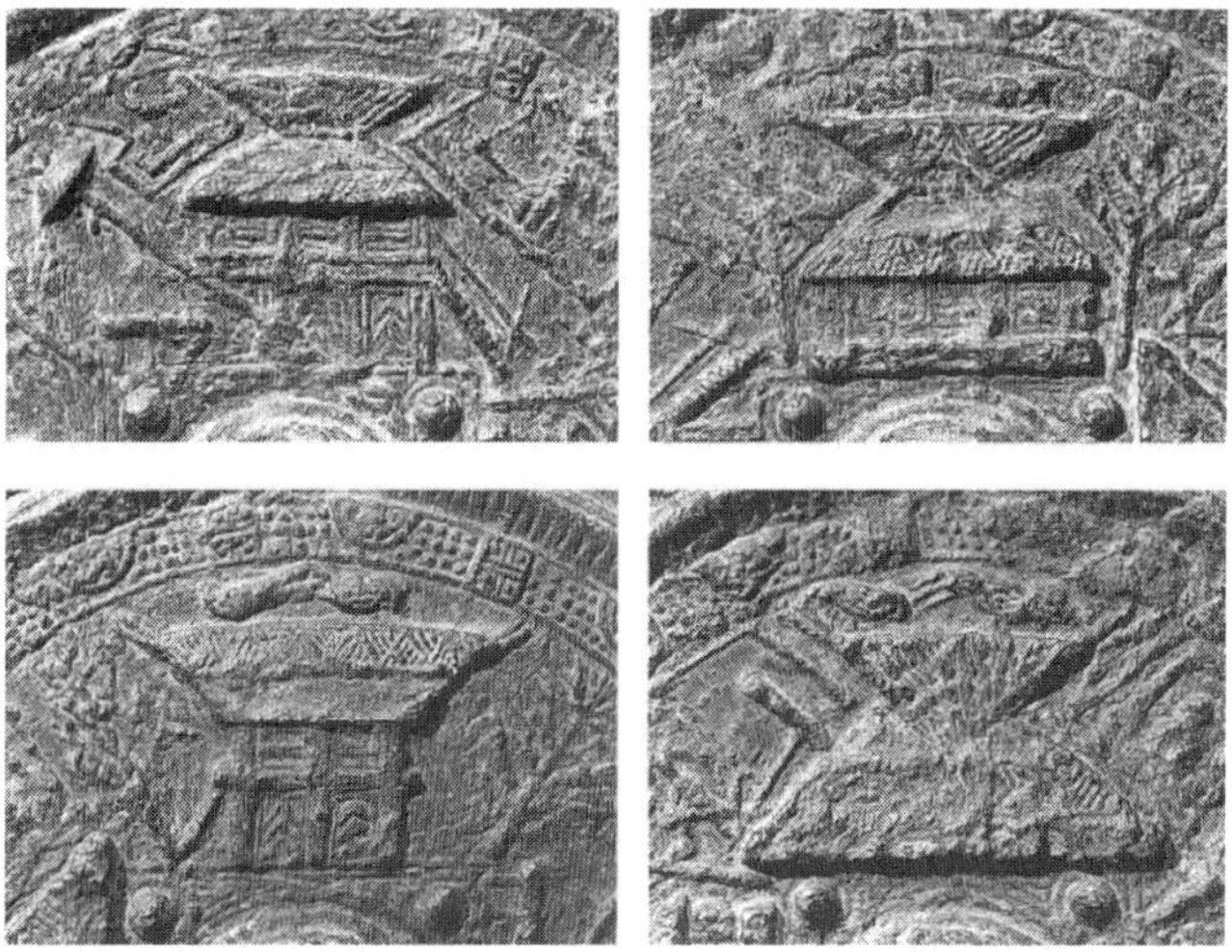

宮 本殿「大君 妃」　平地庁舎「首長 臣連」
高床住居「大巫」　竪穴住居「民」

佐紀古墳群の「佐紀瓢箪山」と「佐味田宝塚古墳」の大きさや条件が古墳的に似ている。「佐紀瓢箪山」では琴柱形石製品を、「佐味田宝塚」では異型石製品（95頁写真参照）を残した。人の世の「**うまし**」を神の願いに組み込んで作ったのだろう。

「家屋文鏡」とは当時の倭人の希望や世界観を見せている。「**君・妃―巫―臣―民**」の願いとヤマト体制を見せてくれる。また、平屋の指導者はヤマト連合の首長がヤマト体制の「臣」になったと思われる。「臣の子」が大王の妃になり子を継いだのだ。即ち首長の子が「媛」をとおして倭国を動かした。

「直弧文鏡《ちょっこもんきょう》」　新山古墳

「この鏡は、明治18年に奈良県大塚陵墓参考地から出土したもの。鏡背には、直線と弧線を組み合わせた、日本の古墳時代特有の文様である直弧文で飾られている。この文様は内行《ないこう》花文鏡《かもんきょう》の影響を受けているが、単純な弧線を描くわけではなく独自のアレンジが加えられている。このような直弧文を鏡背文様に使用している鏡は、現存する青銅鏡の中で本参考地から出土した3面に限られている。この時期のわが国における鏡生産体制を考えていく上でも重要な鏡である」（宮内庁ＨＰより）・・・ハイテクは続いた。

　左の鏡は女王巫の鏡かと思われ、右は垂仁の大巫の鏡。大巫が祈祷や神託等の道具か？呪術具か。「ヤマト連合・体制」の中、大巫が決する時の祭祀具だろう。

「新山古墳」①

新山古墳の直弧文鏡

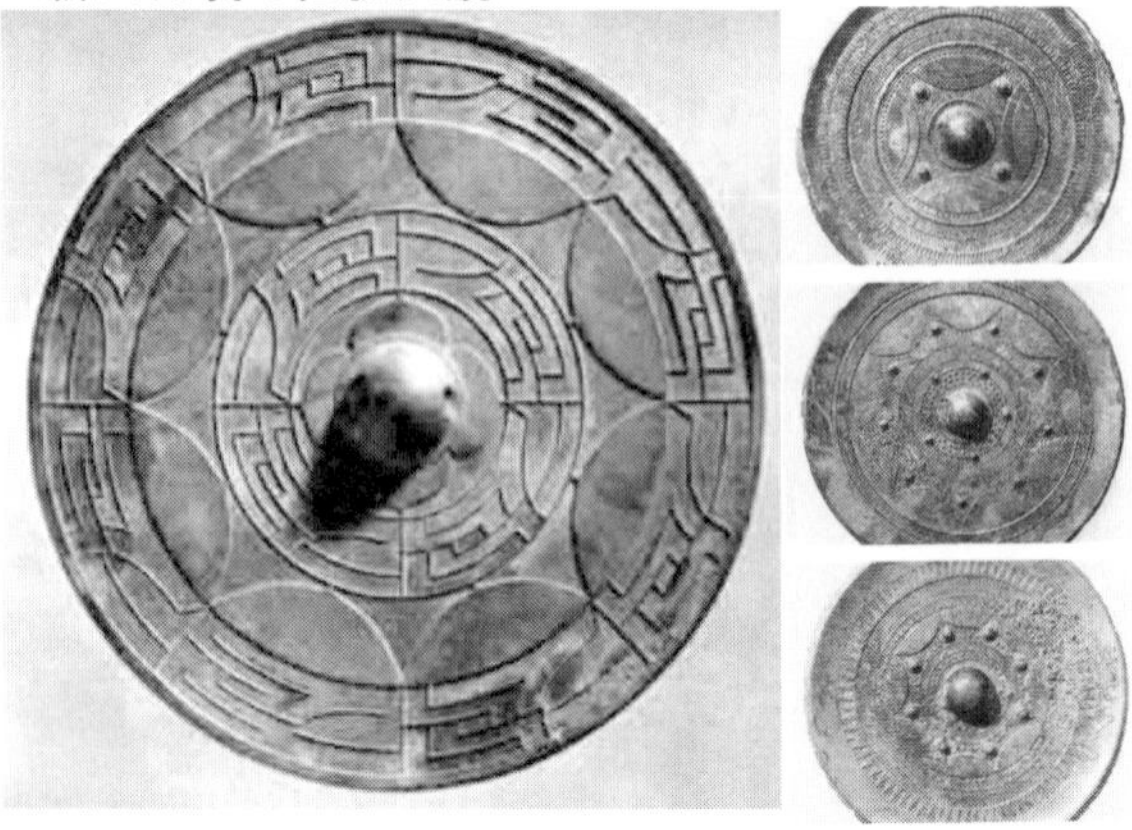

右３面：佐味田貝吹山古墳の内行花文鏡

古墳の形態は前方後方墳で、遙か東の「**大和古墳群**」から続いてきた。西側には特殊陪塚的に接続した墳墓もある。明治18年、多くの遺物が出土し後方部中央には竪穴式石室があり、更に組合式石棺状の施設も造られていた。特殊な状態は大巫の鏡や道具で大巫の力ががかかわったり創ったものらしい。

一方、**右の鏡**は佐味田貝吹山古墳から出土したもの。実物は宮内庁に現存しているが、古墳本体を町では不明としている。１００m以上の大きな古墳がなくなるはずはない。

第3章の「垂仁体制・狭穂姫」に筆者の見識を見てほしい。役所と学者に見せたが誰も信じない。笑った。10年はかかりそう。１９１２年大陸移動説のウェーゲナーでも50年くらいはかかった。

「**内行花文鏡**」

下池山古墳は大和古墳群にある前方後方墳の1基だ。その中から直径37・６㎝大型で精度の高い内行花文鏡（１５８頁**右**）が見つかった。まだヤマト体制以前の遺跡で、倭製らしい。祟神以前の幾何学力が働く鏡だ。鋭い精度を見ると日本の高性能ロケットを作るようで、とても嬉しくなる。

その大和古墳群には前方後方墳が**5基**も築造されていた。これらの墳長は64mから１４０mだったので女王（台与）の続きと思われる。ヤマト体制の初の新山古墳も「前方後方墳」だった。墳長１３７mで、下池山古墳もほぼ同サイズだった。また、九州の伊都国、平原遺跡に超大型「内行花文鏡」が出た。何の意味が。すげーぞ。次節末に詳述する。

3　消滅した大集落遺跡

A　3世紀中頃に突然、同時に大集落が消滅した

突然2世紀末に現れ、4世紀中頃には突然消滅した大集落の遺跡が日本中に見られる。そして多くの地域では以前環濠を持った集落だ。この後、列島中に前方後円墳が出現し、奈良盆地には巨大古墳が造営された。

『魏志倭人伝』には「倭国乱れて」と書かれ、その後『倭人伝』の時代で、前の部分では卑弥呼が活躍した頃に「邪馬台国」は女王国であり周りの国々と平和を営んでいた。まさに「消滅した大集落遺跡」の時代と思われる。

これを境に弥生時代が終わる時期で184年黄巾の乱→後漢弱体化→「倭国乱れ」→「和」を求めて「首長が連帯」していったと考える。これが「倭国大乱」で、その1つ前の時代が「治世の七、八十年間」と思われる。

外国では普通強い大王が国をまとめるのだが、倭ではそうではなかった。縄文時代・弥生時代から日本語を中心に平和の時代を進んでいった。祭祀の時代で平和が続き、乱は大きくならずクニグニが「一女子を共立し王」とした。

大和では「唐古鍵遺跡」、地方でも大集落遺跡を捨てた。一方、新しく纏向のプレ京やクニの庁舎、役所を作った。政権交代による国替えではなく首長連帯の合意で進められたと思われる。

『魏志倭人伝』には30ほどの国名が書かれている。クニグニは卑弥呼を中心に連合政権になり共立の統一倭国ができていた。この時代こそが考古学が九州から関東まで並べてみせる捨てられ消滅したクニの大集落遺跡だと思う。壊したのではなく捨てたのだ。ある地域がなくなったのではなく、倭国全体で同じように捨てられた。戦争で壊れたのではない。諸国が集まってヤマト連合国になった。卑弥呼を呼んで、みんなで賛意をもって祭政をしてもらったのだ。

当然、反対に造られたところがある。纒向遺跡や滋賀県守山市の伊勢遺跡だ。纒向が最初の大都市で、首都となった遺跡だ。「邪馬台国」の首都だ。調査が進むと「纒向プレ京」と呼ばれるだろう。また、『倭人伝』に「〇〇国」と書かれているのは「府」や「藩」、「県」レベルだと思う。

一方、よく似ているが全く違うのが、荒神谷遺跡や加茂岩倉遺跡だ。出雲では大量の銅鐸や銅剣が埋められた。出雲の大事件、即ち「国造り」ではなく「国譲り」だったのだ。なぜ埋めたのか。青谷上寺地《あおやかみじち》遺跡に概略した。「No Kings」の「流れ図」（１６８頁）を見れば筆者の古代歴史の考えが分かる。多分、事実に近い。と思う。

九州圏

吉野ヶ里遺跡　50 ha　佐賀県

古墳時代の始まりとともに、吉野ヶ里遺跡の濠には大量の土器が捨てられ、埋め尽くされてしまう。集落はほぼ消滅し西に移動してしまう。

このようなことは、近畿地方や各地の環濠集落も同じような経過を辿る。まさにヤマト連合、即ち邪馬台国が倭国をまとめた時代だ。

出雲圏
妻木晩田《むきばんだ》遺跡　156 ha　大山町・米子市　弥生後期に栄えた古代出雲の中心地
竪穴住居 395 基、掘建柱建物跡 502 基、墳丘墓（四隅突出型墳丘墓含む）24基、環濠等
中期終わり頃から古墳時代前期初頭、倭国大乱の影響とされる高地性集落。多分、出雲圏の首都。

近畿圏
唐古鍵遺跡　42 ha（一帯地域だったので筆者が変更）
弥生時代を通しての環濠集落を放棄、大環濠の消滅、環濠の一部再掘削。
池上曽根遺跡　60 ha　和泉市・泉大津市

中部圏・関東圏
朝日遺跡　愛知
鶴見川流域環濠集落群　神奈川

B　夜明け前　プレ巨大古墳時代

纒向遺跡　３００ha

弥生時代の集落は確認されておらず、環濠も検出されていない。銅鐸ナシ。遺跡内には纒向式古墳や二上山に向かいシンメトリーな軸をもった祭祀殿群あり。木製品の年輪年代測定などから、纒向石塚古墳は遅くとも225年頃までには築造されていたことが判明している。現在、考古学では「190～350年くらいまでの大都市の遺跡」とされている。**卑弥呼、まさに活躍中**。続けて女王時代、さらにヤマト体制奈良時代だ。そして、纒向が倭国の首都だったと思われる。

続けて箸墓古墳の原型（円墳部）が造られた。川跡からは、吉備の楯築遺跡や都月坂遺跡で出土している特殊器台が出土した。、三輪山祭祀に関する遺物のセットが多数投げ捨てられており、石塚古墳の周濠からは吉備系の祭祀遺物である弧文円板が出土している。ピークの**過ぎた4世紀末**には埴輪が出土する。

遺跡の4世紀に掘られた穴「土坑」から桃の種約2,000個。桃の実は古代祭祀においては供物で食料ではない。

唐古鍵遺跡の約10倍の規模を持ち、後世の藤原宮に匹敵する巨大な遺跡だ。

伊勢遺跡　滋賀・守山市　30ha

円周状配置の建物群、18m間隔で弧状に配置された建物は独立棟持柱を持ち、梁行1間

×桁行5間（約4.5m×約9m）。

青谷上寺地《あおやかみじち》遺跡　5.5ha　鳥取市

100人分を超える人骨が見つかった。後述。

荒神谷遺跡　加茂岩倉遺跡

大量銅鐸39 銅剣358 銅鐸6 銅矛16 他が出土。1984年。青銅器はもろく武器としては使えない。すべて祭器だ。

なぜ埋めたのか？ 同時同事件だ。多分、「国譲り戦」があった。大和は文化・文明の良いところをもらい、出雲、吉備を整理した。倭の祭祀は全国を統一した。出雲式の銅鐸、銅剣等は処理し、大和式の鏡を神とした。祝詞や祭祀具は吉備式とした。ヤマト連合から大和朝廷時代に変化した瞬間だ。現在の生活にも生きている。

平原遺跡　福岡・糸島市

5基の墳丘墓。1号墓に直径46.5㎝の鏡が4面。全部では鏡40面、壊して埋めてある。2～5号墓からは青銅器類の遺物は発見なし。弥生時代後期のものと考えられているが間違いだと思う。後述。

C　**国譲り戦**　　**青谷上寺地遺跡**　5.5ha　鳥取市

１００人分を超える約５３００点の人骨が見つかったが、うち１１０点に殺傷痕が見られた。遺跡には山陰（多分、出雲軍）のほか九州、近畿、東海地方の銅鏃があり、山陰では見られない「貨泉」や「小型仿製鏡（内行花文鏡的）」や大阪湾周辺で作られた武器形祭器の銅戈《どうか》の破片もあった。また、木製ヘルメット（写真）や木製盾はあったが、金属武器はほとんどなかった。多分、これらの遺物は出雲も大和も戦争用装備はいい加減だった。鉄を使っても農耕用具だ。出雲は祭祀具しか持たず、武器はヤマト連合軍（本隊熊野軍）の持ち物かと思われる。

戦はあったが即、勝負あり。即、出雲が平和を求め大和へ「**国譲り**」した時と思われる。戻すと、卑弥呼が没し台与が女王になった時に熊野がヤマト連合に入り、「国譲り」後出雲も連合に入った。その時ヤマト連合軍は各地の銅鏃を使い、文明が遅れた木製武器は熊野軍が使ったのではなかろうか。

これが青谷上寺地戦だと思われ、出雲は祭祀ばかりで戦闘は無理だった。出雲は大社をもらい三輪山の倭の神（大物主）になり、ヤマトが倭の中央政権になった。

弥生時代後期とされているが、多分、大和朝廷が出来た時、ＡＤ３００年頃前だと思う。余計だが「倭国大乱」は、まだヤマト連合がなかった時代でクニグニが乱れた時だと思われる。

青谷上寺地　木製　ヘルメット

Ｄ　ヤマト維新　伊都国　平原遺跡

平原遺跡とは糸島市即ち伊都国に活動していた。多分、陳寿がここで『魏志倭人伝』の一部を書いたと思われ、倭国の３世紀後頃の様子を美しい文章で詳しく書いてくれた。魏志ではあるが西晋時代だ。伊都国は千余戸しかない邑なのに官と二人もの副がおり一大率もいた。普通、邪馬台国以外の国では官と副は一人ずつだ。

何があったのか。**平原遺跡**には多量の鏡、特に超大型の内行花文鏡φ46・５cmが出土している（下左）。鏡は普通二十数センチがせいぜいだ。普通ではない。右は大和古墳群の下池山古墳で写真を比べるとデザインも工法もよく似ている。もしかしたら同じ職人が作ったのかもしれない。左の鏡を持っていたのは崇神以前の女王の子巫《こみこ》（伊都）だろう。ということは、伊都は卑弥呼時代からずっとヤマト連合の役目を続けていたと考える。「子巫」とは大巫（女王）の組織巫女・地方巫女のことだ。伊都というのは『魏志倭人伝』に書かれるクニグニをまとめていたクニだ。一体、平原遺跡とは何か・・・。

内行花文鏡

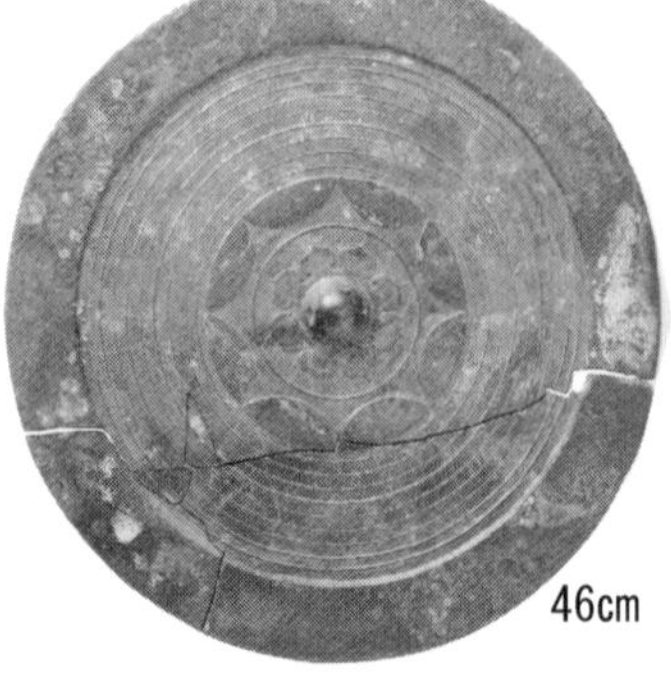

伊都平原遺跡

大和古墳群　下池山

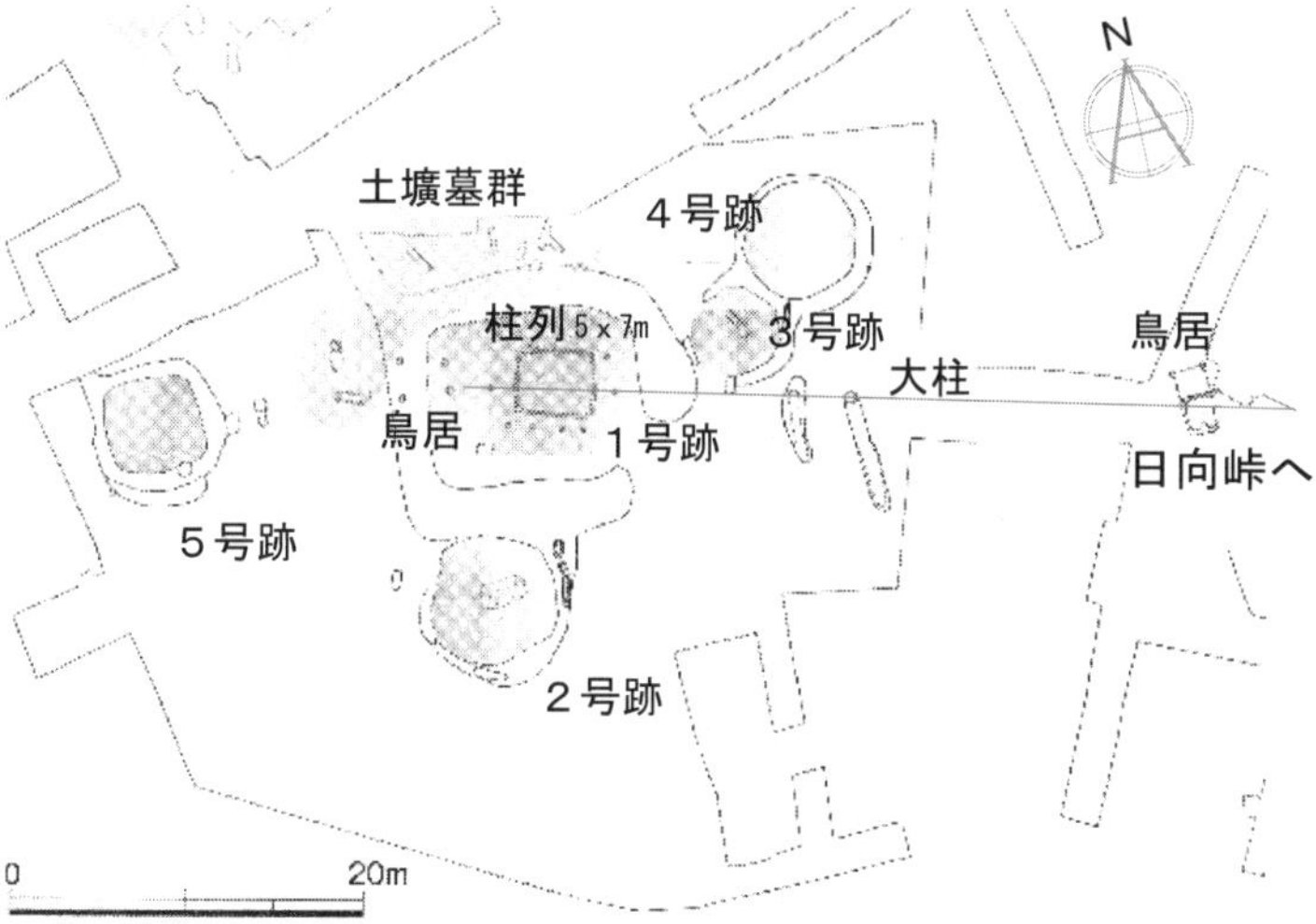

平原遺跡　　埋蔵跡 1〜5号

何と、全面発掘され、最終的には**5基の墳丘墓**だった。ワオ！　大和古墳群の前方後方墳数と同じだ。**すげー！**　女王時代の朝数が間違いなく、女王が5人だったということだ。超大発見だ。

この意味、分かりますか。九州説が終わった時点だ。卑弥呼、台与、及び大和朝廷前の女王が大和に活動したことの証明だ。伊都の子巫は大和の女王の祭祀によって活動していたのだ。「邪馬台国」は大和だった。伊都の子巫は『倭人伝』に書かれている一大率の関係者に間違いなかろう。

平原遺跡は奈良の1つの古墳群だったのだ。大和古墳群と平原遺跡には5朝、即ち5女王と5子巫が連携していたのだ。女王時代と大和朝廷時代がリンクした。翌日、平原遺跡の鏡、約40枚を見直した。何と、内行花文鏡が標準2枚と例の46.5㎝が4枚で計6枚だ。やはり予想どおりだ。1枚は御間城姫の子巫の鏡だろう。九州と大和がリンクした。もう、大騒ぎはしない。ところがもう1つあった。

新山古墳にも直弧文鏡（150頁写真）が3面もあった。よく見るとパターンは違うが、デザインも工法も一緒だ。直弧文鏡が女王の鏡で内行花文鏡が子巫の鏡で間違いないと思う。

見つかった鏡のデザインはすべて4の倍数が見られる。大和の呪術数だ。大和朝廷の巨大古墳数は大和から河内和泉までの時代、大王、大巫、后は各々は4の倍数だ。これは一体何なんだろう。

第3章2、「女王時代」の「大和古墳群史」の末尾に「5基ピッタシ」を書き足した。大和朝廷が始まる前に大和の前方後方墳のサイズ変化と伊都の鏡の変化がリンクしていた。同時代だったと思われる。九州の古代と大和の古代が古墳を通してリンクした瞬間だ。

40枚の鏡は5朝、即ち約30～40年間分の鏡を一度に壊されていた。多分、新体制が大和朝廷になり一大率の子巫制度がなくなりそのため、館に集めていた鏡を処分したのではないか。同時に直弧文鏡の3面は大和の館に置いていたが、女王が大巫になったので新山古墳を造り、遺品庫を残したものと思われる。女王が亡くなるとヤマトでは新前方後方墳と新女王の新直弧文鏡をつくり、伊都では旧祭祀具を埋め新内行花文鏡をもらった。多分、どの墳丘墓には祭祀具はあっても遺骸はないだろう。

一方、同様に出雲の荒神谷と加茂岩倉に超大量の祭祀具の青銅器が埋められた。これらの事件、即ち大和と伊都と出雲に起こった事件は、同時に起こったのだ。即ち『ヤマト体制』が起こしたか、または起きた。その推理、すごいねえ！

筆者が「伊都の墳丘墓」の意味が分かったのは2017.12時点でした。

平原遺跡の報告書（伊都国歴史博物館）の図をよく見ると、５基は埋蔵跡（筆者説）だと思われ、また、１号墓の埋められた鏡はほとんど壊してあるが、小さな内行花文鏡２面は綺麗に残されていた。大型は右写真の５枚と書かれているが、先に書いたように４枚が正解だと思う。多分、女王が大巫になったため、直弧文鏡の４枚目は五社神古墳に置いたか、または伊勢の祭祀庫か皇居かにあると思う。

平原遺跡　超大型内行花文鏡

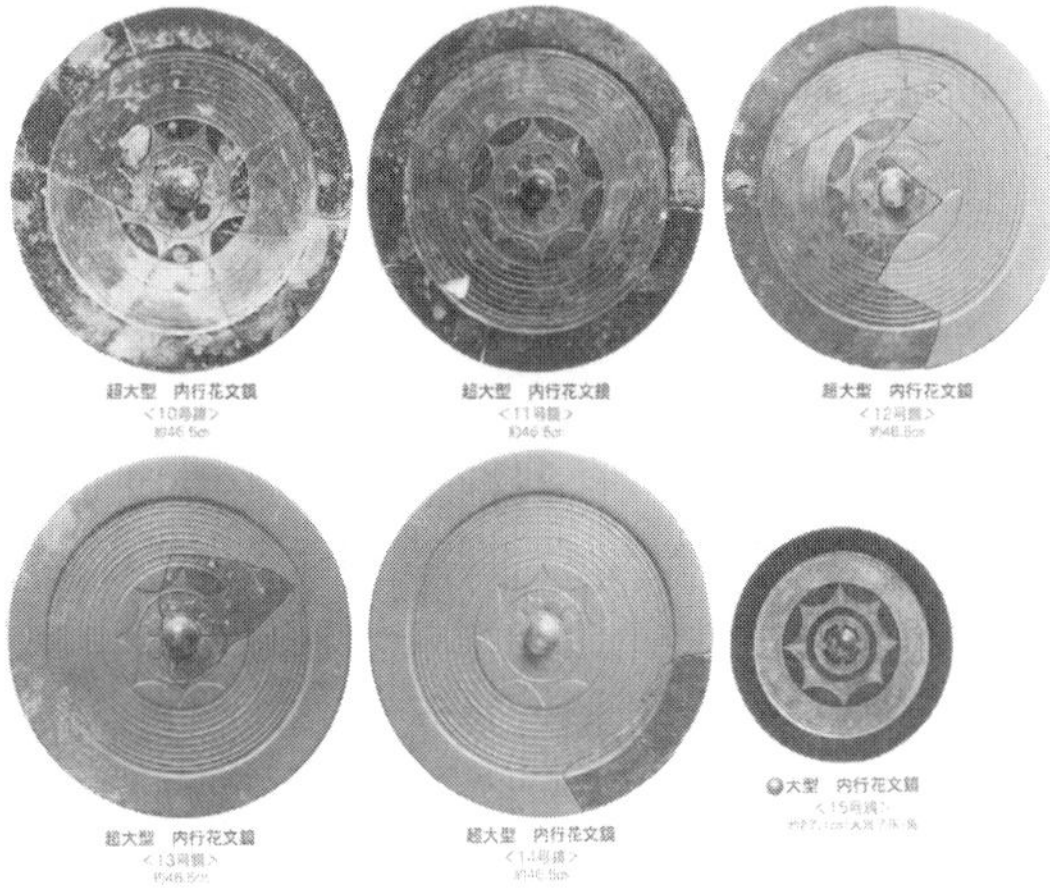

また、平原遺跡には大柱と列柱（１５９頁図）があった。日向峠に向いており、朝日の方向、まさに遙かなる大和（奈良）方向に向かって祭祀施設が作られた。同様、陳寿は邪馬台国の方向を日向峠と見せられて「東南」と書いたかもしれない。錯覚方向ではなかった。そばには掘立て柱建物があり纒向と文明的には同時代で、即ちＡＤ３００年頃ヤマト体制の創始時だと思われる。

4　祭政一致

これ以降には文章はない。書くとそれなりの本になるだろうが筆者は建築の機能の整理や空間創りが本業で、歴史家でも小説家でもない。考古学者でもない。たまたま古代を見ようとしたところ、古墳の流れがピーンと見えてしまった。あまりにも面白くなってしまった。

古代の社会のシーンを表す４つの図を作った。図を見れば説明なしでも分かるだろう。

弥生末期　　祭政とクニ

日本語＝祖日本語＋呉語（農業）　　＋漢語（漢字　まだ先）。

日本人は戦争嫌い　平和。日本では民族戦争なし。

西洋では民も都市城に入り、民族ごと保護する。日本では民は城に入らない。

日露戦争まで本格的な戦争なし、国内戦のみ。日本では2重支配者（誰かと天皇）で、西洋的独立大王はいない（織田信長のみだが失敗）。

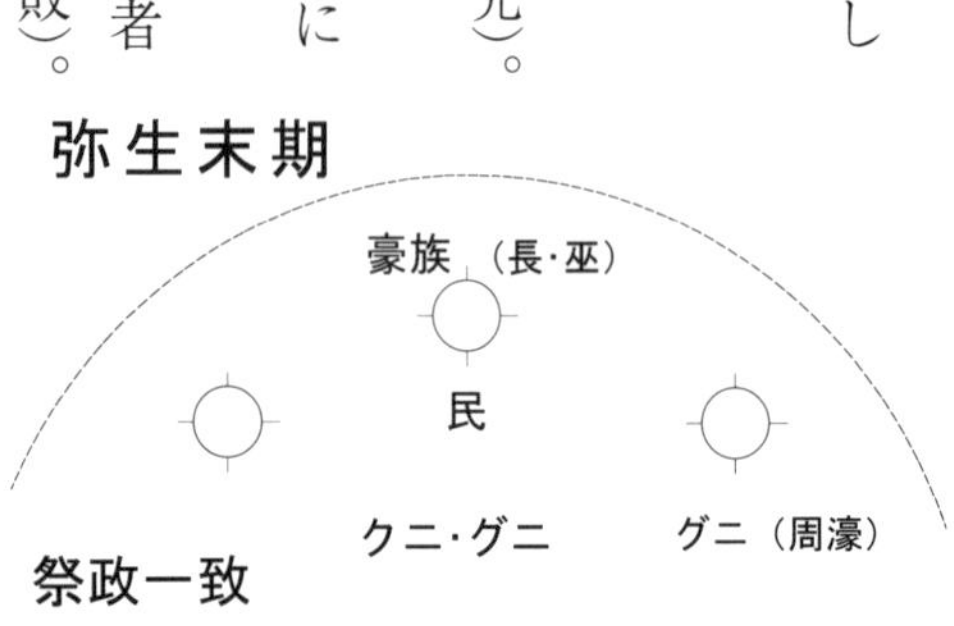

ヤマト連合Ⅰ　卑弥呼

国固め造り　地方まで　１０００人巫
「国・郷くに」を集合し一体化、「倭国・邦」とした。
官「卑狗《ひこ》」-彦、副「卑奴母離《もり》」-守
農地を国へ、官・守・長は役人へ（プレ班田）
大人と下戸の身分差や刑罰、租税の制もあり、全国にあったと考えられる。伊都国には「一大率」という監察官的な役人が置かれるなど、統治組織もある程度整っていた。２３８朝貢。

卑弥呼没　ヤマト連合Ⅱ

小戦の後、台与が**女王**に。

古墳初期　巨大古墳を造るには民の協力・喜びが必要。

倭の首長が集まり、祭政一致時代。女王が祭祀。男王は男弟的政務。

　各地方は首長のまま。協力賛意の大王。独裁王ではない。男王は多分**熊野王**。女王時代が６朝あった。大和古墳群。

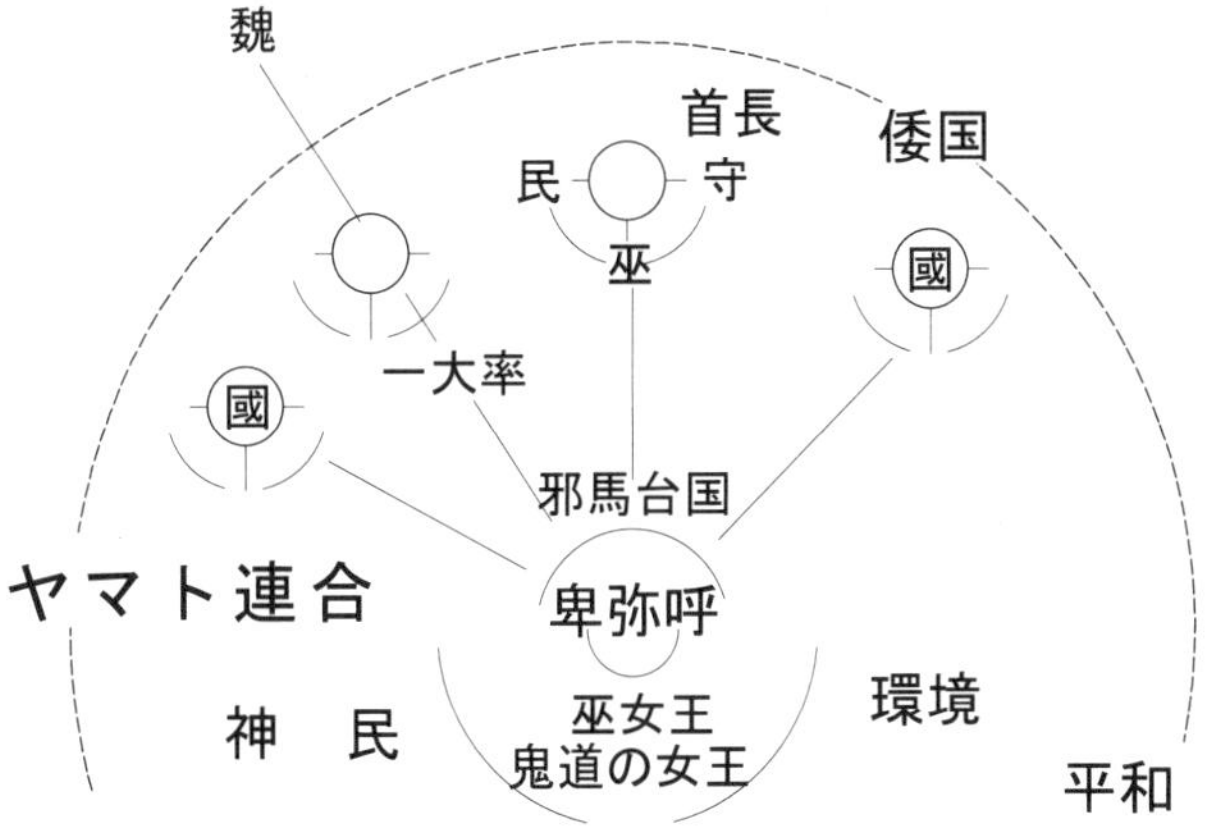

「国造り・国譲り」

出雲とヤマト（熊野）が小戦の上、平和となった。

出雲はヤマトに「国を譲り」、即ち大和は全国をまとめた。

一方、国の神は三輪山となった。即ち、出雲の大国主（出雲長）は全国の神、大物主となった。

出雲大社は神の住まいとなり、熊野大社は出雲を監視した。

大和朝廷Ⅰ　ヤマト体制

国譲りの結果、女王は大巫になり熊野王は皇《すめら》となった。以降、妃は臣の子になった。

初期王朝：倭国の祭祀は吉備式、弥生的 物部方式。大巫・大王・妃・臣が祭政を行った。1朝崇神～8朝履中。

大和王権：初期は祭祀が優先。大君→皇→大王とかわった。

民が選んだのは、1朝は大巫、以降段々皇となった。

政務は首長合議、実権は物部（後に臣）。

決定は大王、祭祀は巫女王・大巫。

ヤマト体制終了。実体の大巫はなくなった。

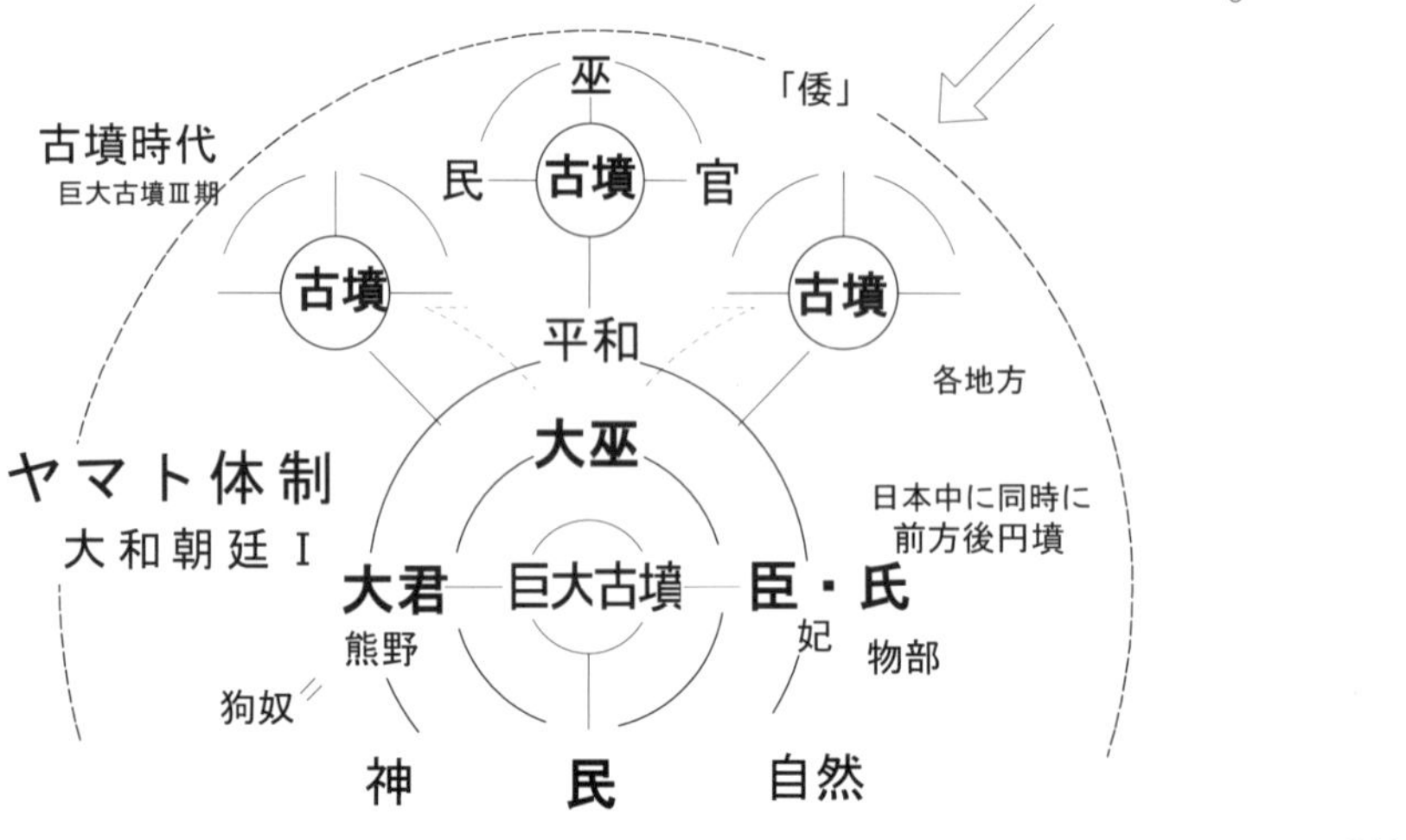

以降、卑弥呼霊がアマテラスに替わった。

大和朝廷Ⅱ

９朝反正～12朝雄略。大王と臣が政務を行った。
現在でも続く、滅ぼされることのない天皇制が誕生。
大王：善意の王、平和、プレ天子・天皇、独善なし、民の幸せが一番、良い施政。
皇后：皇子作り・臣連の娘。実政務は臣連。
民は戦より平和を喜んだ。開墾、水稲、豊か
前方後円墳　アイデンティティ　倭国全体
本文は雄略大王⑫まで。

13朝以降は古墳よりも歴史の時代に入っている。巨大古墳の磐座山もしくは神奈備の時代だ。筆者には難しいのでここでおしまい。

次節、「No Kings」もレジュメ的に、もしくは歴史も年表状のものになってしまった。

さらっと読むと古代歴史の流れが何となく分かる。

天皇の始まりと現在の国造りが実際に経過した。

ピーンときた方も多いのではないでしょうか。多分、事実と信じる。中身は相当すごいぜ。

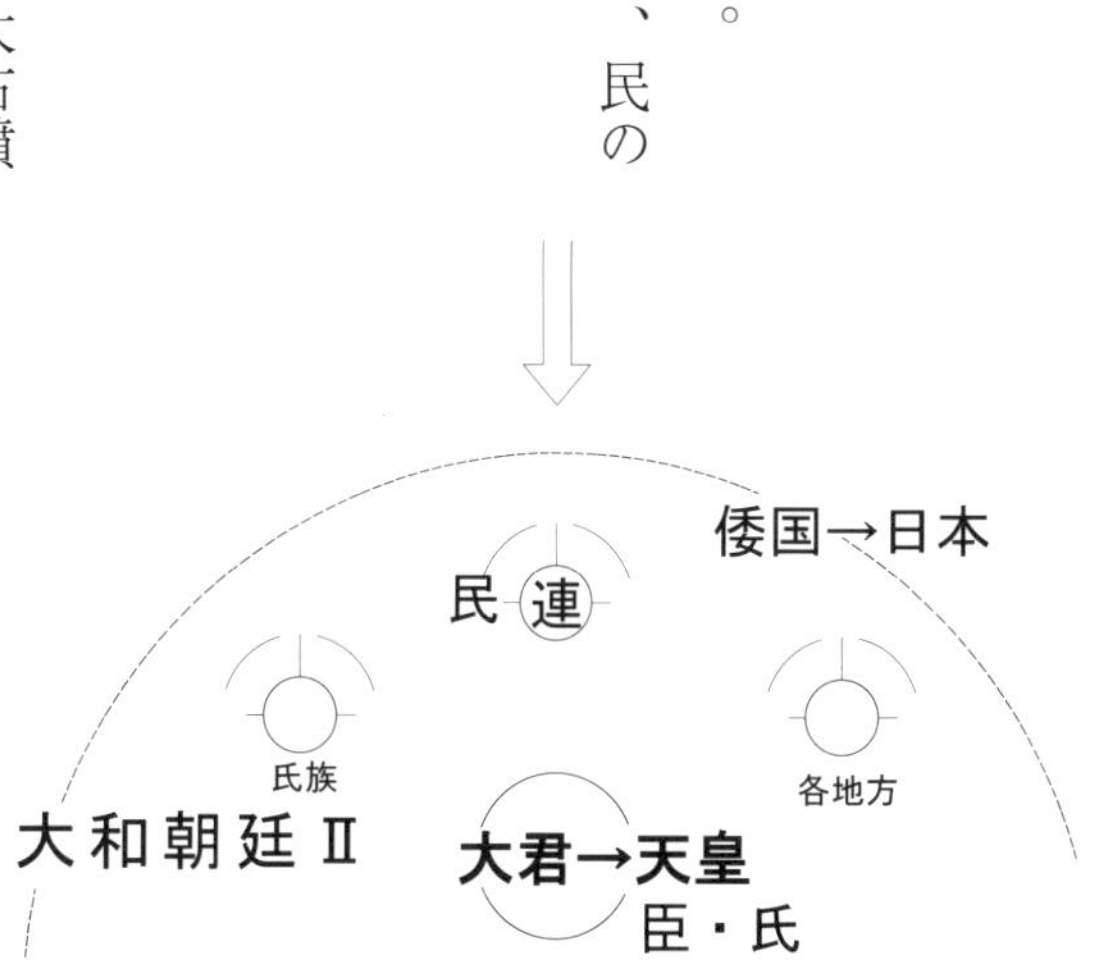

5 No Kings　過去から今まで倭には「王」はいない

下の表は現代の日本人のY-DNAのハプロタイプを簡単にしたものだ。左右が旧石器時代から現代までの長さで、高さはハプロタイプの比率だ。日本人の基層が見れる。海も山も日本は豊かだったので平和しか知らない。また、帰化人は巨大古墳が終わってからの時代なので本論では扱わない。

日本とはイクサなしに倭国を造った

大王、大巫、后の陵墓が一筋の順に築造された様子が見えた。古墳の主軸を見ると築造順を変えることは出来ず、即ち、正しい歴史も見えたはずだ。考古学と歴史学が見せた成果をも合わせ古代を概略する。

アフリカから
A　Y-DnaDが4万年前やって来た。旧石器時代
日本人の基層　現代人の40％平和
B　Y-DnaC　5％
2・5万年前サピエンスが日本にやって来た。
膠着語　海洋　陸内　すべて活動
C　Y-DnaC・D
縄文　友好　豊穣　平和
神：縄文から続く

BC2万年前　長江　稲耕
BC2千年前　黄河が南下　長江が印・東南ア・日へ飛散
BC9C－　長江渡来人（ボートピープル・友好）
温帯ジャポニカ(水稲)種籾と
水田耕作用の道具類等を日本列島へ
日本祖語＋耕作語(呉)＋文化「弥生」
Y-Dna O2　18％　縄文と呉人が友好・交雑　現代人の80％
BC6C－　日本最古の水田跡　鉄器の初現（農機具）
BC2C－　全国に共通基礎語彙＋耕作語＋政語

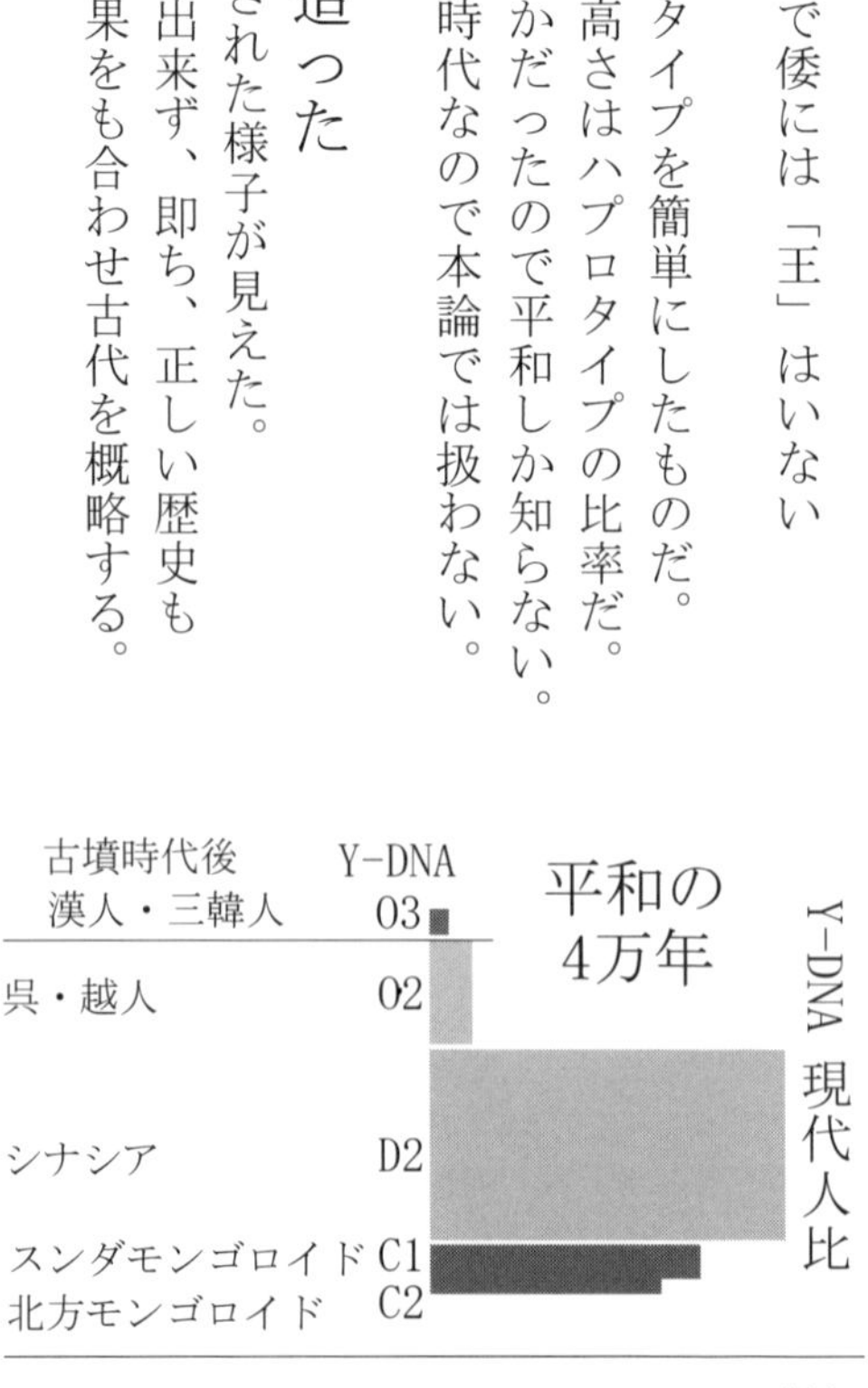

図- ヤマト連合Ⅰ
クニグニ

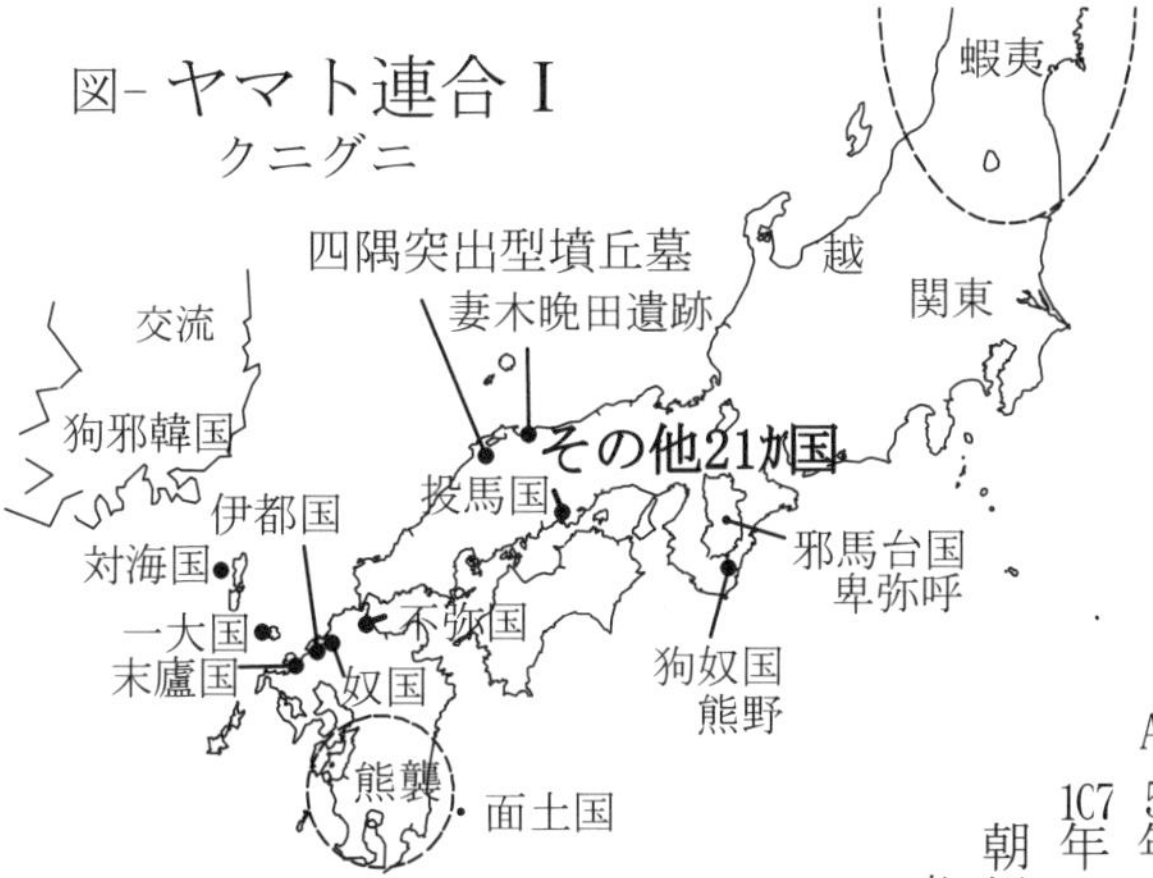

①クニグニ

BC1C-　豊力　弥生時代末
もとは百余りの国があって漢の時代には朝貢する者もいたが、
AD 57年「倭**奴国**奉貢朝賀す。光武賜うに印綬を以てす。」(後漢書)
107年「倭国王**帥升**等、生口百六十人を献じ請見を願う。」(後漢書)
朝鮮「銅」技術は祭祀具を出雲へ
半島→北九州　鉄力をもらったが戦ナシ　→民鉄・平和

「古事記」の作り話
九州　高天原・神武東遷
∴藤原不比等（卑弥呼ナシ）

弥生時代
イクサより開墾
半島にも稲作（倭が教えた）
民が半島に自動的に進出
中国を使って平和に

世を動かせたのは民の水稲力の方だった。民鉄
治世の七、八十年間　**帥升**
184年　黄巾の乱→後漢弱体化→「倭国大乱」
倭国乱れ、相攻伐すること歴年（2年?）、
すなわち共に一女子を立てて王となす。名づけて　卑弥呼

3世紀中頃に突然同時に消滅した大集落遺跡・弥生時代の終焉
クニグニが自ら環濠を捨てた。城ナシ、堀もナシ　平和
クニグニを自ら「国（藩）」へと変え「府（役所）」を創った

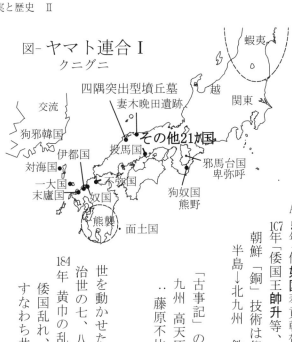

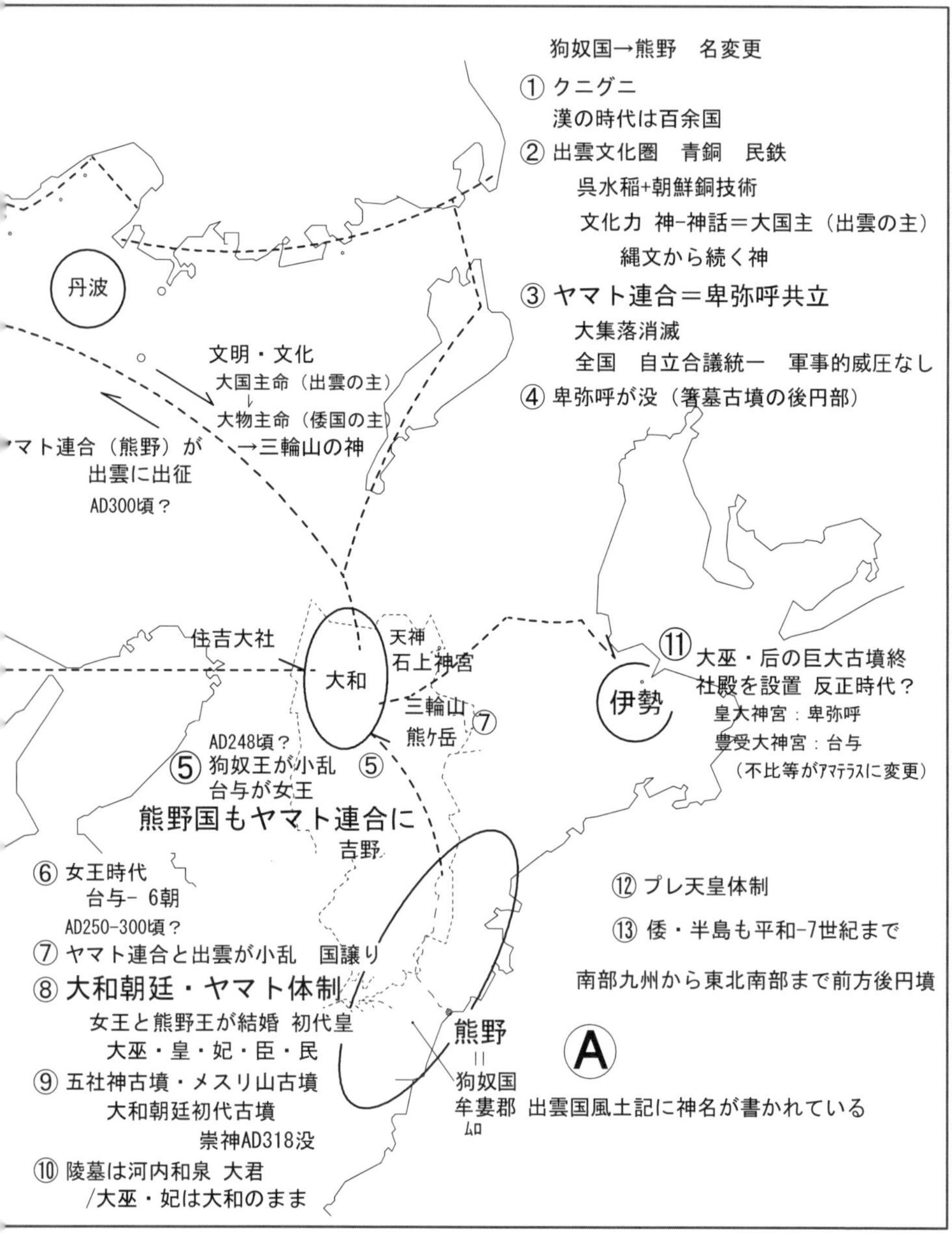
狗奴国→熊野　名変更
① クニグニ
漢の時代は百余国
② 出雲文化圏　青銅　民鉄
呉水稲+朝鮮銅技術
文化力 神-神話＝大国主（出雲の主）
縄文から続く神
③ ヤマト連合＝卑弥呼共立
大集落消滅
全国　自立合議統一　軍事的威圧なし
④ 卑弥呼が没（箸墓古墳の後円部）
丹波
文明・文化
大国主命（出雲の主）
大物主命（倭国の主）
→三輪山の神
マト連合（熊野）が
出雲に出征
AD300頃？
住吉大社
大和
天神
石上神宮
三輪山
熊ケ岳
⑦
AD248頃？
⑤ 狗奴王が小乱
台与が女王
⑤
熊野国もヤマト連合に
吉野
⑪ 大巫・后の巨大古墳終
社殿を設置 反正時代？
伊勢
皇大神宮：卑弥呼
豊受大神宮：台与
（不比等がアマテラスに変更）
⑥ 女王時代
台与- 6朝
AD250-300頃？
⑦ ヤマト連合と出雲が小乱　国譲り
⑧ 大和朝廷・ヤマト体制
女王と熊野王が結婚 初代皇
大巫・皇・妃・臣・民
⑨ 五社神古墳・メスリ山古墳
大和朝廷初代古墳
崇神AD318没
⑩ 陵墓は河内和泉 大君
/大巫・妃は大和のまま
⑫ プレ天皇体制
⑬ 倭・半島も平和-7世紀まで
南部九州から東北南部まで前方後円墳
熊野
＝
狗奴国
牟婁《ムロ》郡 出雲国風土記に神名が書かれている
A

「弥生末期」～「古墳時代　初期」の流れ

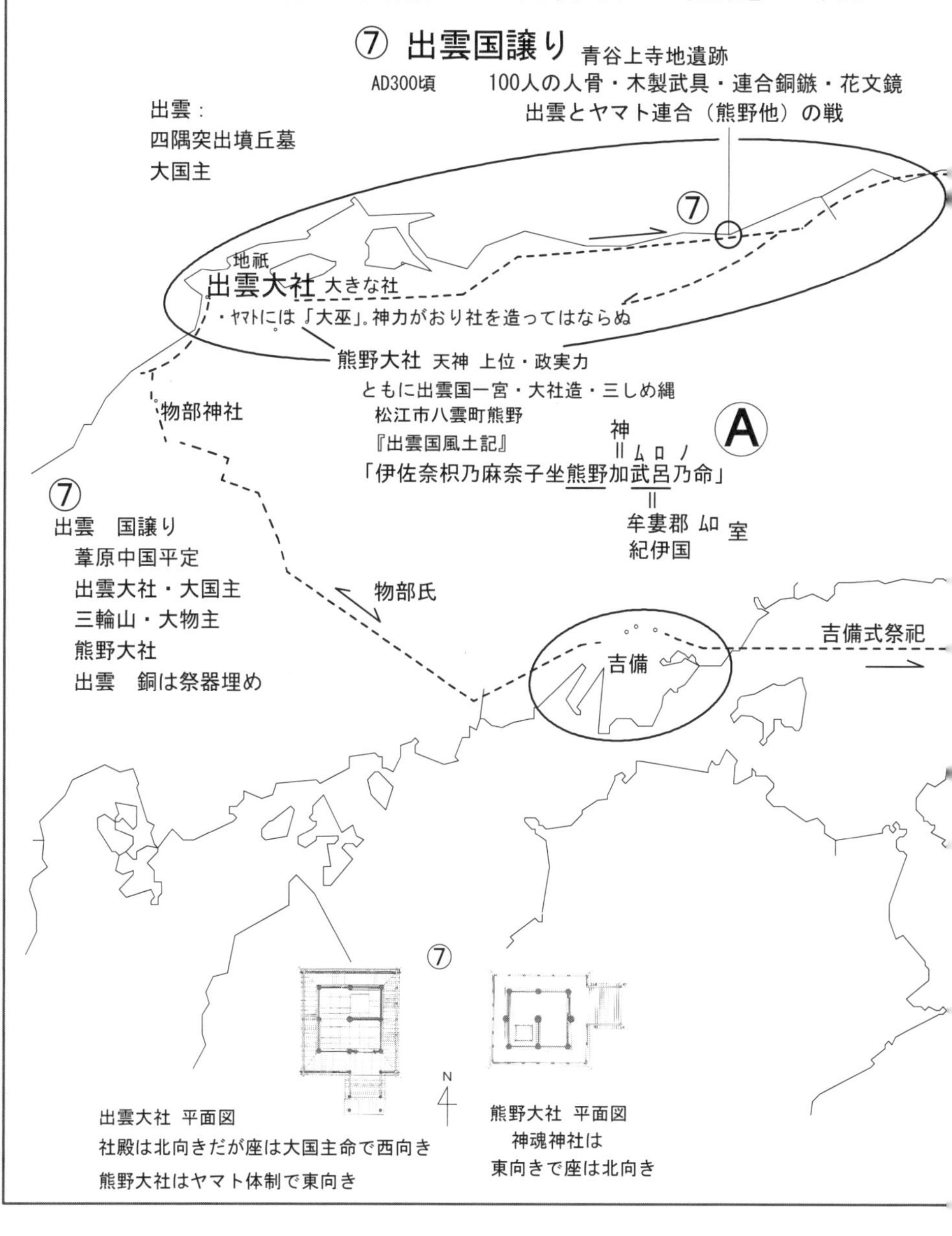

②出雲国　独立

祭祀台地
まだ古墳のない時代
弥生　BC100〜AD100
四隅突出型墳丘墓　墳長
妻木晩田遺跡　2-8m
西谷墳墓群　5-40m

銅の祭器　「文化・文明」
出雲文化圏
青銅　民鉄あり　武鉄ナシ
大国主が葦原中国の国造り
祭祀
縄文から続く神
文化力　神―神話＝大物主

③ヤマト連合Ⅰ　卑弥呼時代

今は使者や通訳など通ってくるのは、三十カ国である。
（魏志倭人伝）
「祭政半一致」時代（昼、弟が政務、千人の巫　倭全体を祭政）
狗奴国　不和
信じがたいが、各豪族が単独・独立を捨て、クニグニが自ら
ムラ・環濠を捨てた。豪族が集まってクニグニを廃止、
協力し自らの「府」を創った。豪族が首長になった。
戦争より平和を望む民、クニグニが自ら統合、
「倭」中心に統一　連合国「邪馬台国」〈ヤマト〉が出来た。

卑弥呼を女王とする　無戦争で
卑弥呼が女王になったのではなく
ヤマト連合が卑弥呼を女王の統治者とした。
実務は物部氏(民のため)　物部時代

「クニ」が「国」へ→連合内の部位になる
「出雲国」の「国譲り」・「狗奴国」はまだ
水稲技術進化・経済　イクサより開墾・班田収授の目覚め
祭祀　女王が祭祀し男弟が政務を行った
卑弥呼の制度が固まりつつ　倭に制度があり
伊都国に一大率　卑弥呼（王権）が任命　派遣官

←古墳時代

出雲国

④卑弥呼247没

卑弥呼の陵墓は命じる人はいない。
造ろうとしたのは民やヤマト連合が集まって
自律的に「大きな塚」を造ったと思われる。
当然、円墳だろう。「大作塚径百餘歩」（魏志倭人伝）

「卑弥呼没戦」

あらためて、男王を立て、国中が服さずお互いに
殺し合い、この時千余人が殺された。
ヤマト連合と狗奴国（熊野）の内戦
皇帝は激文を発し台与に告諭↓国中治む

―⑤ヤマト連合Ⅱ　女王時代―

女王　台与　十三歳を立てて女王に
狗奴国（熊野）もヤマト連合に
狗奴国王（紀州）も　政務も
熊野守
女王（巫女）　祭祀　女王時代

265魏が滅び西晋王朝が興り、翌年邪馬台国王は直ちに朝貢
266年から413年まで倭国の記述なし。
この間、中国にも事蹟がない。（即ち、倭は平和だった）

⑤巨大古墳

以前には大古墳なし

箸墓古墳㊞
径150ｍ（後に276ｍ）
卑弥呼の円墳
女王の巨大古墳

前方後円墳はまだない。
男王の墳墓もない。

出雲国

ヤマト連合Ⅱ

⑥女王時代

台与Ⅰ～Ⅵが祭祀をし、男王が政務を行った

6朝　「祭政別々」時代

女王―男王
旧熊野王

大和古墳群（大倭古墳集団の北部分）
特殊な古墳群＝プレ王家
：卑弥呼没以降の古墳　計23基

卑弥呼没247から崇神没318までの70年間
以降、女王の陵墓は「前方後方墳」5基

「国譲り戦」
因幡で小内戦　出雲と大和（熊野）の戦
青谷上寺地遺跡
100人の人骨　↓ヤマト（熊野）VS出雲
人骨約5300点、うち110点に殺傷痕
←
出雲は大和軍が強いので負け
大和は出雲の神々の祟《たた》りが怖かった。　取り引き

300年頃

⑥大和古墳群

女王の古墳　計6基
西殿塚古墳　後円部のみ
台与Ⅰの陵墓
（方形壇は3期）

前方後方墳270年頃以降
ノムギ古墳　65
星塚古墳　70
フサギ塚古墳　110
下池山古墳　125
波多子塚古墳　140m
女王陵墓5基
台与Ⅱ～Ⅵ

円墳7基　女王の父だろう

出雲国も「連合」に　　神話↓実話

⑦ 出雲国譲り

大和（ヤマト連合）は倭国の政務権（葦原中国）をもらい平定
　祭祀（大巫）を行い、磐座山・神名備に祀し社を造らない。
　　ヤマトの神具は鏡　↓倭国中の神社へ・吉備式祭祀
出雲は「大きな社」と磐座山（三輪山）をもらう
　　十月のみ　どの神も出雲に
「出雲 国譲り」したので出雲の神具は埋められた。
　出雲式祭祀は終了　銅鐸・鉾・剣は埋納
　　　（加茂岩倉遺跡・荒神谷遺跡）
大国主（出雲神・出雲王）は　　文明力
大物主（倭国神）に変わった。　神話ではなかった。

　　ヤマト連合では
男王（熊野守）が倭の大王に
女王と結婚　ヤマト連合がヤマト体制へと　大和朝廷時代
女王は 大巫＋妃＝マザーへと　巨大古墳「五社神」φ190ｍを築造

神の社は熊野大社（イズモ）と 出雲大社（イズモ）と 三輪山（倭

出雲大社　地祇　出雲の祭社殿　出雲王の住まい（西向き）
熊野大社　天神　出雲の政社殿　出雲大社より上位　熊野は紀伊から来た（後に皇
神魂神社　出雲の太陽殿　卑弥呼霊（南向き）古代では出雲大社と同時に造られた（日＝火）

伊都・平原遺跡（九州）
5基の墳丘墓
ラスト子巫の遺物庫
一大率制度

前方後方墳
300年頃　新山古墳137ｍ
ラスト女王の遺物庫

大和古墳群の前方後円墳
12基（大和朝廷時）
大巫の父だろう

三輪山

ミワとは「倭+熊野+出雲」
民の神が「大物主」
神の祟が怖かった
王家の神は巨大古墳か磐座山

男王の大きな墳墓は探したがない

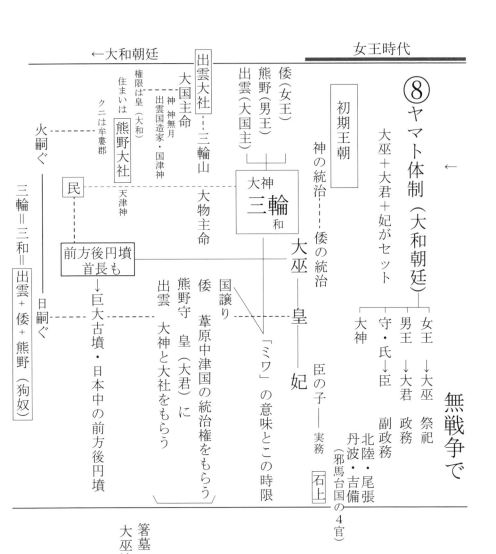

⑧ヤマト体制（大和朝廷）←

大巫＋大君＋妃がセット

女王 ↓大巫 祭祀
男王 ↓大君 政務
守・氏↓臣 副政務
大神

北陸・尾張
丹波・吉備
（邪馬台国の4官）

無戦争で

初期王朝

神の統治……倭の統治

臣の子―実務 石上

倭（女王）
熊野（男王）
出雲（大国主）

大神 三輪 和

大巫―皇―妃

国譲り

「ミワ」の意味とこの時限

倭 葦原中津国の統治権をもらう
熊野守 皇（大君）に
出雲 大神と大社をもらう

出雲大社……三輪山

大国主命
大物主命

神 神無月
出雲国造家・国津神

権限は皇（大和）
住まいは 熊野大社
天津神
クニは牟婁郡

民

前方後円墳 首長も
↓巨大古墳・日本中の前方後円墳

火嗣ぐ
日嗣ぐ

三輪＝三和＝出雲＋倭＋熊野（狗奴）

箸墓・西殿塚 当初円墳
大巫墳・后墳は省略

記号
円→円墳 1期工事
前→前方部2期工事
方→前方後方墳

357年新羅建国　346年百済建国

⑨ 大和朝廷

「大巫女王」と「皇」と「后　妃」が3人で朝廷を進めた。
　①崇神朝～⑧履中朝　ヤマト体制
　　巨大古墳は3人×8朝＝24基
「皇」のみ、大巫・后なし
　⑨反正朝～⑫雄略朝　の4朝　皇のみ
巨大古墳・前方後円墳形・神の山
全国も地域も　長も民も全体・すべて
　全員が大巫を信じる
　倭の陵墓は前方後円墳とする↓倭国統一のシンボル

アイデンティティ・中央も地方も統一
　出現とその広がり
　地域の首長も民も同体
　戦争なし
　　水周濠

崇神大巫　且　崇神后（台与Ⅶ）が御間城姫陵
　　＝五社神古墳
5世紀半ば　各地に巨大古墳　続く
「記紀」アマテラス　天皇制度を活かすために卑弥呼を書かず。
大巫・大君・妃の古墳は宮内庁も教科書も間違い。

318――
大和朝廷4朝→ヤマト体制8朝

⑨
五社神古墳(円)
　大巫マザーかつ妃　御間城姫
メスリ山古墳(円)　318年没(記)崇神天皇
日本最大の埴輪列
　祭政場
新山古墳(方)　磐座山　開始
メスリ山古墳　2期
桜井茶臼山古墳　垂仁天皇
　祭政壇
五社神古墳　2期(前)
行燈山古墳　331年没(記)景行天皇
箸墓古墳　2期(前)　~~日本武尊~~
西殿塚古墳　2期(前)
西殿塚古墳　3期
　祭政壇
姓《カバネ》　開始
渋谷向山古墳　355年没(記)成務天皇

437年 平和首長群＝実務（政権）→ヤマト連合　　任那確保　562-369 年

ヤマト体制　大巫・大君・妃 セット

南部九州から東北南部まで祀り統一　前方後円墳

全国　自立合議統一　軍事的威圧なし

⑩河内和泉

仲哀天皇⑤　362年没

大王の陵墓は大阪平野へ

大巫・妃の陵墓は奈良盆地のまま

無戦争で

369年 百済と結び新羅と交戦。伽耶諸国を支配

石上神宮七支刀　物部氏

国力を見せるため超巨大古墳

391年 広開土王碑

倭が渡海して百済・新羅を臣民とした。高句麗が

倭国に通じた両国を救援するため、倭軍と交戦し勝利

親日の王は倭人・高句麗は敵対

５世紀代　河内に大古墳↓王朝の交替なし

５人の倭王　南朝に使い皇帝に対し朝貢

皇帝の臣下となり半島南部の支配権が認められた。

百済・新羅・任那　　　超巨大古墳　大王4基

⑩ 河内和泉

仲津山古墳 ―― ⑤仲哀天皇 362年没

作り話 神功皇后

誉田御廟山古墳 ―― ⑥応神天皇 394年没（記）

大仙古墳 ―― 讃 ⑦仁徳天皇 427年没（記）

上石津ミサンザイ古墳 ―― 珍 ⑧履中天皇 432年没（記）

任那確保　562-369年　(交流による移動)

雄略天皇⑫　489年没　　　　履中天皇⑧　432年没

大巫と后の巨大古墳は造られなくなった。
即ち、大巫の陵が造られる間は卑弥呼霊が祀られたろう。

⑪伊勢

初代斎宮・垂仁斎宮
当時は卑弥呼・台与の霊
皇大神宮・豊受大神宮　平安以降
天照大神を祭った
天照　アマテラス
古事記
不比等が変更

⑫プレ天皇体制

政務が進み、祭祀は軽くされた。
大巫の力なしヤマト体制終
大臣と天皇の政治
新田開発
「倭の五王」時代
倭とともに半島の水稲も・豊かな時代が進んでいた。
倭も進んだ文明・文化をもらった。
現在まで続く滅ぼされることのない天皇制誕生
天皇家の祭祀は物部方式
民のうましを求めた　物部氏　弥生末～
〃　蘇我氏も　550年～
巨大古墳　了

大王4基

⑪
土師《ニサンザイ古墳》
河内大塚山古墳
岡《ミサンザイ古墳》
市野山古墳
倭の五王
済　⑨反正天皇　437年没(記)
興　⑩允恭《いんぎょう》天皇　454年没(記)
⑪安康　456年没(記)
武　⑫雄略　489年没(記)
大君　上記4基
妃・大巫　なし
以降不明　王統切れ
見瀬丸山古墳　大和

ファミリー表

五社神古墳

朝名	古墳名	女王・大巫	古墳名	皇名	年	妃名	臣・連の子 古墳名
①崇神朝	新山古墳埋納（道具）		メスリ山	①崇神	318没	御間城姫	五社神
	佐味田宝塚古墳埋納（巫の道具）					狭穂媛 若死	佐紀瓢箪山
②垂仁朝	佐味田貝吹山古墳	大巫②	茶臼山	垂仁	-330頃	日葉酢媛命	佐紀陵山
③景行朝	新木山古墳	〃③	行燈山	景行	-341	八坂入媛命	石塚山
④成務朝	築山古墳	〃④	渋谷向山	成務	-355	成務后	宝来山
⑤仲哀朝	倉塚古墳	〃⑤	仲津山古墳	仲哀	-362	大中姫	市庭古墳
⑥応神朝	巣山古墳	〃⑥	誉田御廟山	応神	-394	仲姫命	ウワナベ
⑦仁徳朝	島の山古墳	〃⑦	大仙古墳	仁徳 讃	-427	磐之媛	ヒシャゲ
⑧履中朝	川合大塚山古墳	大巫⑧	上石津ミサンザイ	履中 珍	-432	履中后	コナベ

巨大古墳

破線は古墳同士の関連を示す

大和朝廷の巨大古墳 180〜468m

大和朝廷の巨大古墳は築造の位置・順・向きにはルールが有る。

皇（大君〜大王）は「大倭古墳集団〜河内和泉古墳群」に、

女王〜大巫は「馬見古墳群」に、

后は「佐紀古墳群」に築造された。

489 雄略天皇　武⑫没　王統切れ　**巨大古墳も終了**

500 古墳の規模縮小

527 磐井の乱を物部氏が鎮圧　↓新羅征伐

中国と朝鮮から、文字（漢字）と仏教・儒教

26継体天皇―527

ヒスイ勾玉（糸魚川）

538 秦人・漢人の戸籍を作る。

逃避渡来人

540 宣化天皇3年　仏教伝来（公式に史書に記載されている時期として）

562 伽耶諸国は百済、新羅両国の支配下に、朝鮮半島における勢力の拠点を失った

列島で製鉄が見られるのは古墳時代後期以降

一方　半島から暦法など中国の文物を移入

587 推古天皇即位

592 丁未の役　大臣　蘇我馬子vs大連　物部守屋

646 薄葬令　班田収授法

661 中大兄皇子→天智天皇 668―671

663 白村江の戦いで大敗

弥生的

祭祀は天皇　政務は首長合議・実権は物部

古代では出雲大社と熊野大社はともに出雲国一宮とされていた。さらに物部神社が出雲大社を挟んでいる。古代の意味は何なのか。

「**熊野大社**」

熊野大社は火の発祥の神社として「日本火出初之社《ひのもとひでぞめのやしろ》」とも呼ばれ、出雲大社と共に出雲国一宮である。古代の神社は原則的に一国に一宮があった。ところが熊野国（紀伊）では熊野の一宮がなく、出雲に「熊野大社」があった。出雲では2カ社も一宮がある。また現在でもある神は次の一柱のみで、「伊邪那伎日真名子加**夫呂**伎**熊野**大神 櫛御気野命」と書かれている。祭神名は素戔嗚尊の別名、「伊邪那伎日真名子」だ。これは『出雲国造神賀詞』に出てくる祭神名を採用したものであり、『出雲国風土記』には「伊佐奈枳乃麻奈子坐**熊野**加**武呂**乃命」とある。

祭神名には「**熊野**」と書かれている。また、「加**武呂**乃命」とあり漢字ではなかった頃、和語は万葉仮名で「**加**＝神…**むろ**…のみこと」と表示した。「むろ」なる地名を探すと「**牟**《む》**婁**《ろ》郡《ぐん》は、和歌山県・三重県（紀伊国）」に見つかった。日本中探したが見つからなかった。牟婁とは「室」のことだ。

出雲の神はいくつもの名前を持っているのに熊野大社の祭神名は1つしかない。ということは新興神なのだ。女王時代から大和朝廷時代になる時「国譲り」となり以降、熊野国の「一宮」は出雲に造られた。と思う。日本中にある熊野神社は平安以降でさらなる新興だ。

「熊野国」

『魏志倭人伝』には邪馬台国の南は「狗奴国」と書かれており「熊野」のことと思われる。さらに、『古事記』でも神武東征でも浪速から南廻りで「**熊野村**に到り…」と書かれている。

また、古代では熊野国造は熊野国（紀伊国牟婁郡）を支配していた。「熊野国」そのものだ。即ち、『倭人伝』、「熊野大社の神名」、『古事記』、「国造」の四方が一致した。ヤマトの男王の郷は紀伊の熊野の奥方向、奈良の南から来たのだ。

「熊野」は地名であり国名なのだ。熊野大社の神は天津神であり、出雲大社の大国主は国津神とされている。「出雲国造」に任じれられヤマト連合から大和朝廷の1人となった。国譲りで「大国主」が倭国の神として「大物主」になった。熊野大社は出雲大社より上位であり、紀伊の熊野国には「宮」がなかった。「**武呂乃命**」は出雲に行ってしまったためだ。そして、ヤマト連合（女王）時代の末期、熊野（男王）と倭（女王）と出雲（大国主）の体制を地名として「三輪」を残し、大和朝廷（体制）が続いた。

「国造」

古代日本の行政機構において地方を治める官職またはその官職に就いた人のことだ。その地方の支配者であったが主に祭祀を司る世襲制の名誉職で、古代の「国造」はとっくに実際稼働するものはない。だが、「出雲国造」は現在でも出雲大社の最高神職として、現人神のように出雲大社社家として存続している。そして、これより上位は熊野で「皇」しかいないらしい。古代は今も生きている。

『倭人伝』の「狗」の語も倭語になる「**熊野**」と直すことで良いのではないか。きっと卑弥呼は「ク」と話してた。崇神は「熊野」と話してた。


（2017.9.17）

6 『古事記』

「古墳配置」と「朝廷・被葬者リスト」を見ると、巨大古墳の数も位置も名前も築造時期も分かってきた。初期時、巨大古墳を造った人々は民だった。巨大古墳を初めて造ったのは豪族でも首長でも大王でもなかった。死んだ卑弥呼が造る訳もない。民を中心にヤマト連合の首長や倭の皆で造ったのだと思われる。

『古事記』でも『日本書紀』でも「卑弥呼」を忘れるなどありえないだろう。「記紀」は『倭人伝』を持っており「卑弥呼」を知っていた。作者が内容を消したか書き換えた。ヤマト体制・大和朝廷が巨大古墳を造った。大王もしくは大君（天皇）の陵墓の事蹟を『古事記』の元の文と実際の内容を比べ整理した。だが頁数上、消した。ごめん。

『日本書紀』では別名の中に難しい字の部分に「巫」を入れ込んである。『倭人伝』を知っていたのだ。天皇が神であるために古墳が立派である必要があった。大和朝廷古墳型は「水周濠付前方後円墳」でなければならかった。そのため、「記紀」には鳥見山の「メスリ山古墳」と「茶臼山古墳」を書かなかった。
またはは、「狗奴国」即ち「熊野」の首長が皇だった。ただし、それが人ではないことが必要だった。そのため事蹟は消せなかったが字蹟を消した。「天照」が死なず、天皇が神であるため藤原氏が陵墓の位置を変更し、被葬者を変えた。同時に大巫女の事蹟も消したと思われる。そのため初代・２代天皇の陵墓が奈良盆地の「行燈山古墳」と「渋谷向山古墳」でなければならなかった。実は３代、４代だった。神話作者はアマテラスが人だとは書けない。

まあこれのおかげでミステリー、楽しかった。「東遷の熊野ヤマト行き」と「国譲り」は神話ではなくノンフィクションだったのだ。作者も書きながら楽しかったろう。だが勝手に作った話だけではなかった。実際に起こった事件が書き込まれていた。考古学の膨大なデータからその意味を整理理解しないといけないと思った。中から抽出し事実としてまとめたのが「No Kings」だった。どうでしたか。

「気になったもの」

河内大塚山古墳は10朝「允恭天皇⑩」であり今の地名は「恵我」で、『古事記』では「御陵は河内の恵賀の長枝」と正しい。ところが一般の古墳リストでは３３５ｍ「後期・６Ｃ後・９期」と全く違う。考古学が治定「雄略天皇」に引っ張られている。

また、「河内大塚山古墳」と言えば、光丘の三角形を思い出す。まあまさにジャパニーズ「ナスカ」だ。このラインの形を作るには説明した築造順しかない。⑪20代**安康天皇**456年没。「記紀」では「御陵は菅原の伏見の岡にあり（奈良市）」であり、「菅原の伏見」には大きな古墳はない。どうも藤原氏が変更させたようだ。だが一方、光丘を見せたように「岡ミサンザイ古墳」は安康の陵墓で磐座山の方向が逆だ。なぜこうしたのか分からない。「倭の五王」の記紀から一人足りない大王は安康だと思う。何が起こったのか。歴史学者、説明してほしい。

完

あとがき

やあ、なんとも面白かった。なんて古代って面白いんだろう。中学生の頃はシュリーマンの伝記を、大学生の頃は高木彬光の『邪馬台国の秘密』を読んだ。歴史が面白かった。そして地理は面白かったが、世界史と日本史は教科書が厚いので取らなかった。ウェーゲナーのプレート・テクトニクスに熱く感銘し、丸山茂徳の『生命と地球の歴史』は20回以上読んだ。やっと、歴史がちょっとだけ分かった気がする。

考古学とは事実を集め、それを次元的につなぐことだ。160億年（現在は138億前、ビッグバンから宇宙構造、順に銀河、太陽系、地球、生命と調べていた。人類からホモサピエンス・サピエンス、旧石器や縄文、弥生と順に見てきた。『日本人のガラパゴス的民族性の起源』から教えてもらった世界データで人類状態も組み直した。現在のY‐DNAを使って人類の流れも自分で確認した。

次は何をしようか。古墳時代が面白そうだ。まずは大王を見ようと『日本の大規模古墳一覧』を見たが古墳の大きさの順ばかりだ。図書館で見たり本を買ったりしたが同じだった。どれも歴史を見ようとしない。仕方がない、自分で確認することにした。

筆者は建築家で本来は設計をしている。これが役に立った。まずはPCで古墳リストをダウンロードし、excelで巨大古墳を順に並べ直した。その初期の6基は大倭古墳集団で集まっていた。どの外国でも王の陵墓は集まっていた。日本では最初は「卑弥呼」だと思った。次にストライプを見た瞬間、きっと王女（大巫）と后だと思った。祭政時代、大巫が一緒に大和朝廷を動かしたと思った。治定に名のない巨大古墳が奈良盆地に沢山あるのを見たので、これだと確信した。

メスリ山古墳の平面図を見た時、円墳に溝があり卓型した前方部をくっつけたのだと思った。2次元の図面を見て3次元で更に時空間の形態が見えたのだ。その後、古墳のどの文献を見ても茶臼山古墳の方が古いと書かれている。そうかなと考えていたがすぐにやめた。ゴサシの主軸線がメスリに当たることを見た瞬間、本に書かれている築造順は古墳論者による確証ではなく推論だと分かった。

巨大古墳は大きいのだが、あまりにも離れている。関連があっても誰も気付かない。どこもかしこも自分で関連を探しまくった。航空写真が主体だが現地も関西、出雲、吉備も行きまくった。面白くって1年間も仕事を休憩し、調べまくった。

進めるうちに多くの発見があった。本文に書いてあるが、特別だったものを示す。巨大古墳同士が繋がっていたこと、不明とされていた佐味田貝吹山古墳を発見、続けてゴサシの意味を発見したこと、大和古墳群の前方後方墳は朝廷以前の女王たちだったことを発見・・・。

まさに書き直すことが不可能な事実が見てとれて、歴史を固めることができた。これらの事実と考古学が発見した遺跡を時空間的に並べると神話の事実が見えてきた。東進と国譲りだ。第4章に「No Kings」として古代の歴史を年表的にまとめた。旧石器から現在まで日本人は平和民族だ。古墳時代初期に女王（大和）を中心に熊野（三重）と出雲が一体化した。倭国全体では物部（出雲人・吉備）のまとめ役で平和の国が豊かになった。戦争なしに自分たちでヤマト連合や班田収授法をするなど、世界では類を見ない大事件だ。

日本人はアフリカからの古典的Y-DNA「CとD」をもったまま生き続けたが、世界中にはこれをもったままの先進国は残っていない。世界中は戦争だらけで残ったのは新興的Y-DNAだ。

「平和」が我らのDNAなのだ。今でもNo Kingだ。これ以降は歴史学者に任せたい。

巨大古墳を見るには顕微鏡では大き過ぎ、望遠鏡では遠過ぎた。筆者が奈良、河内和泉に近かったことやPCを使えたことで、この成果を得ることができた。一番役立ったのはインターネット検索とJwwCADだ。次、車とマルチの大モニターを駆使したのも大きかった。ノートPCでは難しそうだ。発見した事実によって始めからオリジナルな内容を書いた。それをまとめたので参考文献はない。あったのは地面だ。

もう1つあった。和語だ。なぜ大物主と大国主が同じ神だったのか。それが三輪山だった。3つの「わ」が参考文献だ。また、佐紀丘陵、馬見、熊野、鳥見山という地名だ。

また、『魏志倭人伝』にはお世話になった。大事な点では数十回以上読んだ。漢文のままで読むようにしていた。陳寿と仲良くなった。陳寿が嬉しかった時、仕事で書いた時、長期間止まってた時など分かってくる。多分、陳寿は『倭人伝』を西晋時代AD275年頃42歳？　旅行記は宿で他の記事は伊都で書いたと思う。文章が実に美しい。綺麗でない部分は魏の記録を使ったからだ。陳寿は歴史家だ。測量士ではない。「倭人伝」をほっとらかしで何があったのかと思っていたが。何のことはない。２６５年、魏が西晋に変わったのだ。「魏志」本体も終りだった。

また「記紀」にもお世話になった。事実とフィクションがともにあったが、見分けられたので役に立った。まさに書き直すことが不可能な事実が見てとれ、歴史を固めることができたようだ。冒頭に書いた「不思議、日本中の巨大古墳はすべて前方後円墳だ」に答えがあってよかった。筆者もシュリーマンと同じく神話を信じたので本書の後半ができた。荒削りの論だがこの後の研究者に確認してもらえれば嬉しい。

考古学を研究される戎真弓氏には、最新の考古学のデータや考えを教えてもらった。筆者の内容や考えに近い説のみでなく全般を広げてくれ、安心して進めることができた。また山陰考古学研究所の大村良夫氏には全文を見直し誤謬を指摘していただいた。両氏がいなかったら本書はできなかった。多くのデータを頂いた考古学者にもお礼申し上げたい。

また、尼崎北ロータリークラブの事務局、大仁澄子さんはチェックしてくれたり激励してくれた。おかげで、日本中で一番早く古代の事実を知り、理解をしたと思う。素直に読んでくれたから。また、風詠社には編集、出版、配本等にお世話になる。そして、第一は読みにくかったろうこの本をお読みくださった方々にも皆様にもお礼申し上げたい。

２０１８年2月　　大久保久能

参考文献

『魏志倭人伝』　陳寿

出典

P79写真　桜井市のHPより
P89図　『メスリ山古墳』奈良県史跡名勝天然記念物調査報告35
P91図　『桜井茶臼山古墳　範囲確認調査報告』奈良県立橿原考古学研究所　2004
P95図と写真　『馬見丘陵の古墳』橿原考古学研究所　河合町教育委員会　1988
P99右図　『オオヤマトの古墳と王権』奈良県立橿原考古学研究所附属博物館
P99写真　『巨大埴輪とイワレの王墓』2005　前掲
P143左上　『混一疆理歴代国都之図』龍谷大学大宮図書館蔵
P149写真　『馬見丘陵の古墳』前掲
P157写真　『青谷上寺地遺跡4』鳥取県教育文化財団　2002
P158写真左　『平原遺跡』糸島市教育委員会　2017／右『馬見丘陵の古墳』
P161写真　『平原遺跡』前掲
P173写真　桜井市のHPより

webサイト

ウィキペディア「日本の大規模古墳一覧」他

邪馬台国大研究　井上筑前

写真　堺市

図版ベース

都市計画図　奈良市・河合町

グーグルマップ　大阪高低差学会・古墳部　レター無し

＊その他、表示がないものは出典が不明です。ご存知の方はご一報いただければ幸いです。

大久保　久能（おおくぼ　ひさよし）

1948　兵庫県に生まれる
1972　早稲田大学建築学科卒業
1974　坂倉建築研究所設計
1987　建築研究所アルセック主宰
建築家・一級建築士・一級造園施工管理技士
尼崎北ロータリークラブ会員

ロータリークラブ卓話

卑弥呼と継承者たち　女王（巫）と大王と妃

2018年8月8日　第1刷発行

著　者　大久保久能
発行人　大杉　剛
発行所　株式会社 風詠社
〒553-0001　大阪市福島区海老江 5-2-2
大拓ビル 5-710 号室
Tel 06（6136）8657　http://fueisha.com/
発売元　株式会社 星雲社
〒112-0005 東京都文京区水道 1-3-30
Tel 03（3868）3275
装幀　2DAY
印刷・製本　シナノ印刷株式会社

ISBN978-4-434-25055-2 C0021